实用新型专利权评价报告

实务手册（第2版）

国家知识产权局专利局专利审查协作北京中心　组织编写

朱晓琳　主　编

HIYONG XINXING ZHUANLIQUAN PINGJIA BAOGAO
SHIWU SHOUCE

知识产权出版社
全国百佳图书出版单位
—北京—

图书在版编目（CIP）数据

实用新型专利权评价报告实务手册/国家知识产权局专利局专利审查协作北京中心组织编写；朱晓琳主编．—2版．—北京：知识产权出版社，2023.1

ISBN 978-7-5130-8507-6

Ⅰ.①实… Ⅱ.①国… ②朱… Ⅲ.①专利权—评价—中国—手册 Ⅳ.①D923.42-62

中国版本图书馆CIP数据核字（2022）第233908号

内容提要

本书介绍了实用新型专利权评价报告制度以及评价报告的作出和更正程序中所涉及的启动程序、检索要求、评价标准、报告的撰写、表格填写等内容，同时丰富了实用新型的专利库检索策略、非专利库检索策略、权利要求保护范围的确定、创造性判断实操方式、更正程序中涉及的情形等内容，以及相应的典型案例。

读者对象：专利审查员、社会公众、创新主体、专利工作者。

责任编辑：林竹鸣　　**责任校对**：谷　洋
封面设计：刘　伟　　**责任印制**：刘译文

实用新型专利权评价报告实务手册（第2版）

国家知识产权局专利局专利审查协作北京中心　组织编写
朱晓琳　主　编

出版发行：知识产权出版社有限责任公司　　**网　　址**：http://www.ipph.cn
社　　址：北京市海淀区气象路50号院　　**邮　　编**：100081
责编电话：010-82000860转8792　　**责编邮箱**：linzhuming@cnipr.com
发行电话：010-82000860转8101/8102　　**发行传真**：010-82000893/82005070/82000270
印　　刷：三河市国英印务有限公司　　**经　　销**：新华书店、各大网上书店及相关专业书店
开　　本：720mm×1000mm　1/16　　**印　　张**：15.25
版　　次：2023年1月第1版　　**印　　次**：2023年1月第1次印刷
字　　数：225千字　　**定　　价**：78.00元

ISBN 978-7-5130-8507-6

前言

我国实用新型专利检索报告制度于2001年开始实施，在2008年第三次修改的《专利法》中，该项制度进一步完善成为专利权评价报告制度。国家知识产权局专利局专利审查协作北京中心自成立之始即承担出具实用新型专利检索报告/专利权评价报告的工作。多年来，北京中心积累了比较丰富的经验，工作机制逐步完善，对该制度服务于社会作出了积极贡献。为总结工作经验，指导实用新型专利权评价报告相关工作的进一步开展，更好地实施实用新型专利权评价报告制度，北京中心组织人员编写了本书。

本次修订除了介绍实用新型专利权评价报告制度以及评价报告的作出和更正程序中所涉及的启动程序、检索要求、评价标准、报告的撰写、表格填写等内容，还在第一版基础上，丰富了实用新型的专利库检索策略、非专利库检索尤其是互联网检索策略、权利要求保护范围的确定、创造性判断实操方式、更正程序中涉及的情形等内容，同时，增加相应的典型案例。

本书针对实用新型专利权评价报告工作提供实务指导，可供从事实用新型专利权评价报告工作的审查员参考，也可供社会公众、创新主体、专利工作者了解专利权评价报告的相关程序和评价标准，为开展相关工作提供帮助。

第1版前言

我国实用新型专利检索报告制度于2001年开始实施，经《专利法》第三次修改，该项制度进一步完善成为专利权评价报告制度。截至2012年年底，国家知识产权局已作出实用新型专利检索报告/评价报告累计18 700余件。专利审查协作北京中心（原专利审查协作中心）自成立之始即承担出具实用新型专利检索报告的工作。十余年来，北京中心在实用新型专利检索报告/评价报告的制定工作中积累了比较丰富的经验，工作机制逐步完善，对该制度服务于社会作出了积极贡献。为总结工作经验，指导实用新型专利权评价报告相关工作的进一步开展，更好地实施实用新型专利权评价报告制度，北京中心组织人员编写了本手册。

本手册简要介绍了专利权评价报告制度，重点介绍了评价报告的作出以及更正程序中所涉及的启动程序、检索要求、评价标准、报告的撰写和表格填写等内容，并给出具体操作方法，以及相应的典型案例。此外，本手册还对评价报告作出过程中的常见问题给予了解答。

本手册针对实用新型专利权评价报告工作提供实务指导，可供从事实用新型专利权评价报告工作的审查员参考，也可供社会公众尤其是专利工作者了解专利权评价报告的相关程序和评价标准，对开展相关工作提供帮助。

本书编委会

主　任　郭　雯

副主任　朱晓琳　刘　彬　刘　梅

主　编　朱晓琳

副主编　田　虹

编　委　陈　辉　范海琳　冯勋伟　李　春　李　慧　李基沛
刘　文　沈金峰　杨馥瑞

本书编写组

本书编写团队来自国家知识产权局专利局专利审查协作北京中心。

撰写分工

第一章：李基沛

第二章、第四章第四节、第六章：李　春

第三章：陈　辉、冯勋伟、刘　文、沈金峰

第四章第一节、第二节（二~六）、第五节：范海琳

第四章第二节（一）、第三节、第六节：李　慧

第五章：杨馥瑞

统　稿　李意平　王　靖　邓学欣　李基沛

审　稿　李意平　王　靖　邓学欣　陈正军　范肖凌
李　宇　沈　彬　唐晓君　王翠平　熊　茜
轩云龙　赵　洁

审　定　朱晓琳

第 1 版编委会

主　编　魏保志

副主编　诸敏刚　曲淑君　夏国红

编　委　（按姓氏拼音排序）

郭震宇　刘新民　马秋娟　孟丽燕　周胜生　朱晓琳

第 1 版编写组

撰写分工

第一、第二章：欧阳石文　朱晓琳

第三章：杨继彬　周胜生

第四章第一、第二、第四节：孙红要　郭震宇

第四章第三节：黄树军　马秋娟

第五章：黄树军　孟丽燕

第六、第七章：刘晓燕　刘新民

统　稿　朱晓琳　欧阳石文

审　稿　（按姓氏拼音排序）

郭震宇　刘新民　马秋娟　孟丽燕　周胜生　朱晓琳

协　调　尹　杰　王　靖　曲　燕

审　定　诸敏刚

目　录

第一章　实用新型专利权评价报告制度及流程概述

实用新型专利权评价报告制度前身为实用新型专利检索报告制度，2008年第三次修改的《专利法》明确为实用新型专利权评价报告制度。该制度是我国实用新型专利制度的重要组成部分。本章简要介绍实用新型专利权评价报告制度，并对实用新型专利权评价报告（以下简称评价报告）的作出流程进行总体介绍。

第一节　评价报告制度简介

一、评价报告制度的起源和发展

我国实用新型专利审查制度，主要经历了初步审查制、初步审查并评价（检索）报告制度两个发展阶段。

1985年4月至2001年6月，我国实施实用新型专利初步审查制。这一阶段实用新型专利申请的初步审查，包括形式缺陷审查和明显实质性缺陷审查。然而由于实用新型专利不进行实质审查，因而授权后的权利稳定性往往不如发明专利，容易导致实用新型专利的无效宣告请求量大，还可能导致专利权的滥用等。

在2000年第二次修改的《专利法》中增加了授权后针对新颖性、创造性以及所涉及的不予检索情形的条款进行评价的实用新型专利检索报告制度，并于2001年7月开始实施。自此，中国实用新型专利审查制度进入了第二个发展阶段。在此期间，实用新型专利检索报告对于专利权人了解其专利权的稳定性以及在专利侵权诉讼中发挥了重要作用，但同时也存在一些问题，例如：请求人的范围仅限于专利权人，请求人缺乏意见陈述的机会，等等。

考虑到上述不足，并根据形势发展的需求，在2008年第三次修改的《专利法》中将实用新型专利检索报告制度改为实用新型专利权评价报告制度，将请求人范围扩大到专利权人或者利害关系人，并拓宽了评价的范围，即评价涉及除《专利法》第二十条第一款外的所有可以作为无效理由的条款，同时更加强调时效性。同时，在《专利审查指南》（2010）中明确了请求人认为评价报告存在需要更正的错误时，可以启动更正程序。在2020年第四次修改的《专利法》（以下简称《专利法》）中，进一步将请求人范围扩大到专利权人、利害关系人、被控侵权人。

评价报告对实用新型专利权的稳定性进行全面评价，因而其作用相对于实用新型专利检索报告而言得到进一步提升。从实践来看，专利权评价报告制度起到了比检索报告制度更大的作用，提升了社会服务功能。

二、评价报告的法律地位和作用

《专利法》第六十六条规定，专利侵权纠纷涉及实用新型专利或者外观设计专利的，人民法院或者管理专利工作的部门可以要求专利权人或者利害关系人出具由国务院专利行政部门对相关实用新型或者外观设计进行检索、分析和评价后作出的专利权评价报告，作为审理、处理专利侵权纠纷的证据；专利权人、利害关系人或者被控侵权人也可以主动出具专利权评价报告。

《专利法》第五十条规定，就实用新型、外观设计专利提出开放许可声明的，应当提供专利权评价报告。

这两个条款体现了评价报告的基本法律地位，评价报告是人民法院或者管理专利工作的部门审理、处理专利侵权纠纷时可以采用的证据，是提出开放许可声明的必要条件；从《最高人民法院关于审理专利纠纷案件适用法律问题的若干规定》（2020）第五条的规定“人民法院受理的侵犯实用新型、外观设计专利权纠纷案件，被告在答辩期间内请求宣告该项专利权无效的，人民法院应当中止诉讼，但原告出具的检索报告或者专利权评价报告未发现导致实用新型或者外观设计专利权无效的事由的，可以不中止诉讼”可以看出，在专利侵权纠纷案件中，评价报告可用于人民法院确定是否需要中止诉讼程序。同时需要注意的是，评价报告不是行政决定，请求人不能就此提起行政复议和行政诉讼；评价报告也不是判断专利权有效性的证据，专利权是否有效，只能由无效宣告程序来确定。

同时，评价报告可以帮助专利权人和社会公众正确认识相关专利权的稳定性。对于专利权人而言，可以避免盲目采取不适宜的行使其专利权的行为，从而减少对其自身利益的损害。对社会公众而言，可以避免就不符合授权条件的专利权进行没有价值的交易行为，例如受让专利权、订立专利权实施许可合同等。

第二节 评价报告的基本流程

为了便于总体了解评价报告的程序，本节对其基本流程进行概括性介绍，在本书后续章节中将针对各个环节详细展开阐述。

一、评价报告请求的提出

授予实用新型专利权的决定公告后，专利权人、利害关系人或者被控侵权人可以提出实用新型专利权评价报告请求。申请人也可以在办理专利权登记手续时提出实用新型专利权评价报告请求。

在请求作出评价报告时，请求人应当提交评价报告请求书及相关的文件，并自提出评价报告请求之日起 1 个月内缴足评价报告请求费。

二、评价报告请求的形式审查

国家知识产权局收到请求人提交的评价报告请求书后，应当进行形式审查。因存在问题导致评价报告请求视为未提出的，国家知识产权局应当发出视为未提出通知书，通知请求人；评价报告请求经形式审查合格的，应当及时转送给指定的作出评价报告的部门。评价报告请求经形式审查不符合规定需要补正的，国家知识产权局应当发出补正通知书，要求请求人在收到通知书之日起 15 日内补正；期满未补正或者在指定期限内补正不符合规定的，其请求视为未提出。

在作出评价报告前，多个请求人分别请求对同一件实用新型专利作出评价报告的，国家知识产权局均予以受理，但仅作出一份评价报告。

三、作出评价报告

作出评价报告的部门在接收到评价报告请求书后，应当指派审查员和审核员，由审查员对相关实用新型专利进行检索，并就该专利是否符合《专利法》及其实施细则规定的授权条件进行分析和评价，作出评价报告；由审核员对评价报告进行审核。作出的评价报告由审查员与审核员共同签章，并加盖“中华人民共和国国家知识产权局专利权评价报告专用章”。

国家知识产权局应当自收到合格的评价报告请求书和请求费后两个月内作出评价报告。其中，以形式审查合格的请求书的提交时间和缴足请求费的时间中较晚时间作为起算时间。对于申请人在办理专利权登记手续时提出评价报告请求且形式审查合格的情况，国家知识产权局应当自授权公告之日起两个月内作出评价报告。

四、评价报告的发送和公布

评价报告作出后，应当发送给请求人。发送给请求人的，除《实用新型专利权评价报告》外，还包括报告涉及的各相关文件。如果有多个请求人，则向每个请求人同时发送评价报告。

请求人不是专利权人的，国家知识产权局应当将评价报告出具情况告知专利权人。

国家知识产权局在作出评价报告后，任何单位或者个人可以查阅或者复制。查阅、复制的相关手续参见《专利审查指南》（2010）第五部分第四章第5.3节的规定。

五、评价报告的更正

请求人认为作出的评价报告存在需要更正的错误的，可以在收到评价报告后两个月内提出更正请求。请求人不是专利权人的，专利权人可以在上述期限内提出更正请求。期满后提交的，其请求视为未提出。

提出更正请求的，应当以意见陈述书的形式书面提出，写明需要更正的内容及更正的理由，但不得修改专利文件。

作出评价报告的部门在发现评价报告中存在需要更正的错误后，可以自行启动更正程序。

更正程序启动后，作出评价报告的部门应当成立由组长、主核员和参核员组成的三人复核组，对原评价报告进行复核。对于评价报告中存在的部分不涉及具体技术内容和法律条款的问题，可以不成立三人复核组，相关人员可直接修改后再次发出评价报告，但应当告知作出原评价报告的审查员和审核员。

在更正程序中，复核组一般不进行补充检索，除非因事实认定发生变化，导致原来的检索不完整或者不准确。针对评价报告，一般只允许提出一次更正请求，但对于复核组在补充检索后重新作出的评价报告，请求人可以再次提出更正请求。

复核组认为更正理由成立，原评价报告有误、确需更正的，应当发出更正的评价报告，并在更正的评价报告上注明以此报告代替原评价报告，更正程序终止。

更正后的评价报告应当及时发送给请求人。如果有多个请求人，则向每个请求人同时发送更正后的评价报告。请求人不是专利权人的，国家知识产权局应当将更正后的评价报告出具情况同时告知请求人和专利权人。

《专利法》及其实施细则、《专利审查指南》（2010）中都没有规定评价报告更正完成的时间，但作出评价报告的部门仍然会及时处理，并在完成更正程序后将相关文件发送给相关人。

第二章　评价报告请求的提出及形式审查

国家知识产权局仅在请求人提出请求时才作出评价报告。国家知识产权局收到请求人提交的评价报告请求书后，应当进行形式审查。

第一节　请求的提出及需办理的手续

一、提出评价报告请求的原因

评价报告制度产生的最初原因是有利于实用新型专利侵权纠纷的审理或处理，其核心是了解实用新型专利权的稳定性，因而请求人可能基于以下原因提出评价报告请求。

（1）根据《专利法》第六十六条的规定，专利侵权纠纷涉及实用新型专利的，专利权人、利害关系人或者被控侵权人为了出具专利权评价报告而提出评价报告请求。

（2）根据《专利法》第五十条的规定，实用新型专利的专利权人因自愿提出开放许可声明而提出评价报告请求。

（3）当专利权人拟将实用新型专利权通过独占许可或普通许可或拟将专利权转让给他人时，为了了解专利权的稳定性或应被许可方或被转让方的要求，专利权人提出评价报告请求。同样地，专利实施独占许可合同的被许可人和由专利权人授予起诉权的专利实施普通许可合同的被许可人等利害关系人也可以为了解专利权的稳定性而提出评价报告请求。

（4）专利权人拟自己实施专利技术或其他一些情况时，例如商品交易平台要求待售商品需提供评价报告的，也会有提出评价报告请求的需求。

二、请求人资格

授予实用新型专利权的决定公告后，专利权人、利害关系人或者被控侵权人可以提出实用新型专利权评价报告请求。

为使专利权人可以更早获得评价报告，也有利于公众更早了解专利权稳定性，申请人也可以在办理专利权登记手续时提出实用新型专利权评价报告请求。

实用新型专利权属于多个专利权人共有的，请求人可以是部分专利权人。

利害关系人是指有权根据《专利法》第六十五条的规定就专利侵权纠纷向人民法院起诉或者请求管理专利工作的部门处理的人，例如专利实施独占许可合同的被许可人和由专利权人授予起诉权的专利实施普通许可合同的被许可人。

三、评价报告请求的客体

评价报告请求的客体应当是已经授权公告的实用新型专利，包括已经终止或者放弃的实用新型专利或由生效的无效宣告请求审查决定维持全部或部分有效的实用新型专利。值得注意的是：

（1）针对同一项实用新型，国家知识产权局仅作出一份评价报告；针对国家知识产权局已作出专利权评价报告的实用新型专利，再次提出的评价报告请求视为未提出。

（2）针对未授权公告的实用新型专利申请，不得提出评价报告请求。

但申请人在办理专利权登记手续时提交评价报告请求的除外。

（3）已被生效的无效宣告请求审查决定宣告全部无效的实用新型专利，不得提出评价报告请求。

（4）已被生效的无效宣告请求审查决定宣告部分无效的实用新型专利，若请求作出评价报告的时间晚于该决定的推定生效日，则应以该决定维持有效的文本作为评价报告针对的文本。

上述推定生效日是指，在没有相反证据的情况下，推定自该决定送达之日起满 3 个月为无效宣告请求审查决定生效日，若该推定生效日遇法定节假日则顺延至法定节假日后的第一个工作日。

四、提出请求时需要办理的手续

1. 评价报告请求书的提交及填写注意事项

在请求作出评价报告时，请求人应当提交评价报告请求书及相关的文件。

（1）评价报告请求书应当采用国家知识产权局规定的表格，该表格可以在国家知识产权局网站（www. cnipa. gov. cn）上下载。请求书中应当写明实用新型专利的申请号或专利号、发明创造名称、申请人或者专利权人、请求人名称或者姓名。专利权人应为第一署名专利权人。如果该专利办理过著录项目变更手续，应当按照国家知识产权局批准变更后的内容填写。

（2）每一请求应当限于一件实用新型专利。

（3）请求人是利害关系人的，在提出评价报告请求的同时应当提交相关证明文件。例如，请求人是专利实施独占许可合同的被许可人的，应当提交与专利权人订立的专利实施独占许可合同或其复印件；请求人是专利权人授予起诉权的专利实施普通许可合同的被许可人的，应当提交与专利权人订立的专利实施普通许可合同或其复印件，以及专利权人授予起诉权的证明文件。如果所述专利实施许可合同已在国家知识产权局备案，请求人可以不提交专利实施许可合同或其复印件，但应在请求书中注明备案号。

（4）请求人是被控侵权人的，在提出专利权评价报告请求的同时应当提交相关证明文件。例如，人民法院出具的立案类通知书或其复印件，专利行政执法部门出具的立案类通知书或其复印件，调解仲裁机构出具的立案类文件或其复印件等，如果相关证明文件已在国家知识产权局备案，可以不提交相关证明文件，但应当在请求书中注明备案号。

2. 费用

办理评价报告请求，应当缴纳评价报告请求费。请求人应当自提出评价报告请求之日起1个月内缴足评价报告请求费。

评价报告请求费可以通过网上缴费、邮局或银行汇款缴纳，也可以到国家知识产权局或代办处面缴。汇款时应当准确写明申请号/专利号、费用名称（或简称）及分项金额。未写明申请号/专利号和费用名称（或简称）的视为未办理缴费手续。

3. 委托手续

评价报告请求的相关事务可以由请求人或者其委托的专利代理机构办理。对于根据《专利法》第十八条第一款规定应当委托专利代理机构的请求人而言，应当按规定委托专利代理机构提出评价报告请求。

请求人是专利权人且已委托专利代理机构作全程代理，请求作出专利权评价报告时，可以由原专利代理机构代为提出评价报告请求；也可以另行委托专利代理机构办理相关手续，此时应当另行提交委托书，并在委托书中写明其委托权限仅限于办理专利权评价报告相关事务；还可以由本人办理（根据《专利法》第十八条第一款规定应当委托专利代理机构的除外），应当说明本人仅办理专利权评价报告相关事务。

请求人是利害关系人或被控侵权人且委托专利代理机构办理的，应当提交委托书，并在委托书中写明委托权限为办理专利权评价报告相关事务。

未按规定委托或委托手续不符合规定的，国家知识产权局应当通知请求人在指定期限内补正；期满未补正或者在指定期限内补正不符合规定的，视为未提出评价报告请求。

未委托专利代理机构的，则需填写指定的收件人，由指定的收件人接收国家知识产权局发出的评价报告。

第二节　形式审查

国家知识产权局在收到评价报告请求后，先进行形式审查。经形式审查合格的，及时转送给指定的承担评价报告的部门，由国家知识产权局电子审批系统完成转送。形式审查不合格的，将根据不同情形发出补正通知书或视为未提出通知书。

一、需要补正的情形

评价报告请求书经形式审查不符合规定需要补正的，国家知识产权局应当发出补正通知书，要求请求人在收到通知书之日起 15 日内补正；期满未补正或者在指定期限内补正但经过两次补正后仍存在同样缺陷的，其请求视为未提出。

请求书存在下述缺陷时，国家知识产权局通常会发出补正通知书。

（1）未使用规定格式的评价报告请求书，或者评价报告请求书涉及多项实用新型专利。

（2）专利权已转让，未由现专利权人提交评价报告请求书。

（3）请求人本人办理，但评价报告请求书中缺请求人签字或者盖章。

（4）委托了代理机构办理，但评价报告请求书中缺专利代理机构盖章、未提交专利代理委托书、专利代理委托书未写明专利号，或未写明发明创造名称，或未写明委托权限、专利代理委托书中缺委托人签字或者盖章，或缺专利代理机构盖章等。

（5）根据《专利法》第十八条第一款规定，应当委托专利代理机构办理而未委托专利代理机构办理。

（6）对于以利害关系人的名义提出请求，但未提交相关证明文件；如果所述专利实施许可合同已在国家知识产权局备案，请求人在请求书中未注明备案号。

（7）对于以被控侵权人名义提出请求的，未提交相关证明文件；如果相关证明文件已在国家知识产权局备案，请求人在请求书中未注明备案号。

（8）签字是打印的，以及其他一些情况。

二、视为未提出的情形

评价报告请求视为未提出的，国家知识产权局应当发出视为未提出通知书，通知请求人。国家知识产权局发出视为未提出通知书，通常包括下述情形：

（1）请求人不是专利权人、利害关系人或者被控侵权人。

（2）该专利申请尚未授权公告，但申请人在办理登记手续时提交专利权评价报告请求的除外。

（3）自提出专利权评价报告请求之日起1个月内未缴纳或者未缴足评价报告请求费。

（4）专利权已被国家知识产权局宣告全部无效。

（5）未在国家知识产权局发出的补正通知书指定的期限内答复。

（6）未按国家知识产权局发出的补正通知书的要求进行答复。

（7）国家知识产权局已作出评价报告；其中，评价报告是否作出以评价报告的发文日为准。

第三章　检　索

检索是实用新型专利权评价中重要的环节，除不必检索的情形外，作出评价报告通常需要进行检索，全面、准确的检索结果是对实用新型专利权的专利性进行客观评价的基础。检索的目的在于查找与待评价的实用新型专利主题相关的现有技术、抵触申请和构成重复授权的文件，其中最主要的目的是找出可能影响专利主题的新颖性和创造性的现有技术文件。在确定评价报告的请求符合规定的情况下，应及时进入专利权评价中的检索环节。

专利权评价中的检索，其基本要求和规范总体上参照《专利审查指南》（2010）第二部分第七章的规定。本章根据评价报告的本身特点及实际操作情况，对检索相关环节进行简要介绍，并提供可以借鉴的检索思路和典型检索实例。

第一节　检索资源的选择

一、主要专利文献数据库

CNTXT 数据库：中国专利全文数据库，包含了全国（含港澳台地区）的全部专利文献数据，既包含文摘数据，也包括全文数据，可同时进行文摘和全文检索，在智能化检索系统中进行中文专利检索时，通常选用 CNTXT 数据库。

VEN 数据库：是智能化检索系统独有的外文专利数据库，是由 WPABS（World Patent Abstract Database）、DWPI（Derwent World Patents Index Database）组成的虚拟数据库。VEN 数据库涵盖了两个外文摘要数据库 WPABS 和 DWPI 的全部数据和全部字段，因此是可取代 DWPI 和 WPABS 的簇数据库。在 VEN 中，每篇文献既具有 DWPI 的摘要，又具有 WPABS 的分类号，因此可完全取代转库。

WPABSC：WPABS 数据库对应的中文翻译数据库。

ENTXT 数据库：外国专利全文数据库，包括原始英语国家专利全文数据和机器翻译的非英语国家专利全文数据，以及以 WPABS 同族规则进行按“族”整合，去除中国专利数据后的著录项目、文摘数据、引文数据等，可同时进行文摘和全文检索。

ENTXTC：ENTXT 数据库对应的中文翻译数据库。

专利检索及分析系统（pss-system. cnipa. gov. cn）：是国家知识产权局面向社会公众提供的免费的集专利检索与专利分析于一身的综合性专利服务系统，于 2011 年上线，目前已收入 100 多个国家、地区和组织的专利数据，同时还收入了引文、同族、法律状态等数据信息。

IncoPat（www. incopat. com）：是北京合享智慧信息科技有限公司旗下面向个人和机构提供的具有专利检索、分析等功能的科技创新服务平台，目前已收入 100 多个国家、地区和组织的专利数据。

Patentics（www. patentics. com）：是由北京东方灵盾公司在 2006 年以战略合作方式引进并优化的、具有智能化语义分析检索的系统。该系统具有语义分析、概念检索、自动分类、自动标引、自动翻译的功能，极大地提高了对海量数据的情报检索功能和检索效率。

二、主要非专利文献数据库

CNKI 数据库：中国知网（CNKI）是基于中国知识资源总库的全球最大的中文知识门户网站，其内容覆盖数理科学、化学化工能源与材料、工业技术、农业、医药卫生、文史哲、经济政治与法律、教育与社会科学、电子技术与信息科学等等，该数据库可以从题名、作者、关键词、摘要、参考文献、来源等十余个检索入口进行检索。

万方数据库：万方数据库与 CNKI 数据库在收录范围上存在一定的区别，例如，对于中国各高等院校、研究生院以及研究所等发表的硕士学位论文，CNKI 数据库中仅收录了优秀硕士学位论文，而万方数据资源系统中的学位论文则收录自 1980 年以来我国自然科学领域各高等院校、研究生院以及研究所的硕士论文，其收录范围更广。

超星读秀数据库：超星读秀数据库是由海量全文数据及资料基本信息组成的超大型数据库。其以 330 万种中文图书、10 亿页全文资料为基础，为用户提供深入内容的章节和全文检索，部分文献的原文试读，以及高效查找、获取各种类型学术文献资料的一站式检索，是一个学术搜索引擎及文献资料服务平台。

ISI 数据库：ISI Web of Science 是全球最全专业的综合文摘数据库，最大的外文会议论文文摘数据库，其包括 1900 年至今的文献及其参考文献，收录自然科学、工程技术、生物医学等相关领域的大量文献，包含 SCIE、IC、ISTP、CCR、DCR 和专利数据库。

互联网：互联网检索平台主要包括但不限于搜索引擎、电商平台、视频平台、众筹平台、论坛等。电商平台中的淘宝、天猫、京东、当当、亚马逊等是社会公众较为熟悉的网购零售平台；视频平台随着互联网的发展迎来了大发展，目前主流的视频网站有优酷、腾讯视频等，还有最近两年飞速发展的短视频平台，如抖音和快手等；众筹平台的基本方式是发起人通过网络平台向公众展示自己的产品或项目，争取得到公众的认可及支持，从而向社会大众筹集资金的一种商业模式，其中国外以 KickStarter 为代表、国内以造点新货为代表；论坛，几乎涵盖了我们生活的各个方面，通常以内容主题进行分类，每一个人都可以找到自己感兴趣或者需要了解的专题性论坛。专题性论坛也包括一些技术性较强的专业论坛，用户可以阅读别人就某个技术主题的观点，也可以将自己的观点发布到互联网与其他用户进行互动交流，由此大量富有价值的技术信息源源不断地上传至互联网。

三、检索资源的选择

由于实用新型专利保护的是产品，且审查员所属技术领域与评价报告案件的所属技术领域可能存在差异，在背景知识不足的情况下，优先在非专利检索资源中了解产品的使用环境以及产品本身的实物形态，之后在专利数据库和非专利数据库中进行检索，可以更好地完成评价报告检索。具体可以根据本章第三节、第四节提及的检索策略来选取优先检索的数据库。

一般情况下，作出评价报告前，审查员应当进行全面充分的检索，并给出尽可能多的相关的现有技术文件，通常需要在专利数据库和非专利数据库均进行检索。对于一些高校及科研院所的专利、涉及公知常识举证的专利、理论性强的专利、前沿技术领域的专利、涉及技术原理的专利，审查员在非专利数据库检索时应当重点关注期刊、硕博论文、书籍等数据库；对于专利产品是生活领域的，或者专利产品是实用性强、构思巧妙、更新速度快的，宜于通过电商、众筹等模式进行线上销售或通过视频平台、社交媒体宣传推广的，审查员在非专利数据库检索时更应着重加强互联网检索。

第二节　检索的主题和基本要求

在请求人提交请求书并经形式审查合格后，审查员应该阅读该实用新型专利的相关文件，确定检索所依据的文本，进一步确定检索的主题，之后开始进行检索。

审查员应当尽可能地对被请求的实用新型专利进行全面的检索，尽可能多地找出相关的现有技术以便对该实用新型专利权进行全面的评价。当然，从成本的合理性角度考虑，检索也要有一定的限度。审查员要随时根据已经检索出的对比文件的数量和质量决定是否应当终止检索。考虑的原则是用于检索的时间、精力和成本与预期可能获得的结果要相称。

检索过程中，出现下列情况之一时，审查员可以终止检索：

（1）审查员已经找到一份或多份与实用新型专利的全部主题密切相关的对比文件，并且认为它清楚地公开了专利的全部主题的全部技术特征，或者由它所公开的内容使所属技术领域的技术人员能够得出权利要求书中的全部技术方案，即审查员认为该对比文件单独影响专利的全部主题的新颖性或创造性，构成评价报告中所规定的X类文件，同时，经过充分的检索，还获得多篇与实用新型专利的主题较为相关的A类文件。特别注意的是，如果仅找到构成实用新型专利的抵触申请文件（E类文件），此时不能终止检索，还要继续检索可能影响实用新型专利新颖性/创造性的X/Y类文件。

（2）在没有找到X类文件的情况下，审查员已经找到两份或者多份与实用新型专利的全部主题密切相关的对比文件，并且认为，专利所属技术领域的技术人员能够容易地把它们结合起来，得出权利要求书中的全部技术方案，即审查员认为这些对比文件结合起来影响专利的全部主题的创造性，构成评价报告中所规定的 Y 类文件，同时，经过充分的检索，还获得多篇与实用新型专利的主题较为相关的 A 类文件。

（3）审查员根据其知识和工作经验结合已有的检索结果，认为不可能找到密切相关的 X/Y 类文件，或者认为预期的结果与需要花费的时间、精力和成本相比十分不相称。已有的检索结果应包括多篇与实用新型专利的主题较为相关的 A 类对比文件。

（4）审查员从公众提供的材料中，或者从专利权人提交的外国为其申请/专利进行检索的资料或者审查结果的资料中，发现了上述（1）或（2）所述的密切相关的对比文件（通常为评价报告中所规定的 X/Y 类文件）；同时，经过充分的检索，还获得多篇与实用新型专利的主题较为相关的 A 类文件。

此外，检索还包括找出构成与该实用新型重复授权的授权专利文件（R 类文件）。

如果实用新型专利保护的主题属于下列情形之一的，审查员不必对该主题进行检索：

（1）不符合《专利法》第二条第三款的规定；

（2）属于《专利法》第五条或者第二十五条规定的不授予专利权的情形；

（3）不具备实用性；

（4）说明书和权利要求书未对该主题作出清楚、完整的说明，以致于所属技术领域的技术人员不能实现。

当待检索的权利要求中存在以下缺陷时，通常情况下还应当予以检索：权利要求书未以说明书为依据；权利要求书未清楚、简要地限定要求专利保护的范围；独立权利要求未从整体上反映实用新型的技术方案，未记载解决技术问题的必要技术特征；申请人对实用新型专利申请文件的修改超出了原说明书和权利要求书记载的范围；分案的实用新型专利超出了原申请记载的范围。但是，当权利要求中的上述缺陷已经造成审查员无法作出有意义的检索时，可以不进行检索。当审查员站位所属技术领域的技术人员，以申请日时的现有技术状态为背景，以权利要求所限定的主题为依据，以说明书中的描述为辅助，对技术方案能够进行合理预期时，应在此基础上进行检索以进行全面的评价。

需要注意的是，对于专利的全部主题是否属于上述情形，必要时审查员仍需通过恰当方式了解相关背景技术，以站位于所属技术领域的技术人员作出判断。

关于是否属于上述不必检索主题的具体内容参见第四章。

第三节　专利检索的一般过程

实用新型专利的检索过程一般按照初步检索和结构化检索的顺序进行，通过浏览检索结果并对新颖性和创造性进行判断，直到符合本章第二节所述的终止检索条件。

一、初步检索

初步检索主要是指利用追踪检索和语义检索，以期快速找到可以对实用新型专利的主题的新颖性、创造性有影响的对比文件。

追踪检索主要是指基于某一个（些）信息或某一（些）文件出发，利用该信息和/或文件之间的某一（些）线索，检索其他相关文件，包括利用专利权人、发明人、优先权等信息检索实用新型专利的同族申请、母案/分案申请、专利权人或发明人提交的与实用新型专利的主题所属技术领域或相近技术领域的其他申请以及这些申请的引用文件/被引用文件。

语义检索主要是指基于数据挖掘和比对推荐算法进行后台计算，自动匹配并排序一定数量的相关文件，必要时可对检索结果集进行人工干预以获得更优的排序。

二、初步检索的应用

以下将通过几个典型的案例进一步阐述初步检索在实用新型专利检索中的应用。

案例3-1

【案情简介】

本实用新型专利涉及百叶板固定结构（参见图3-1）。为解决现有技术中百叶板通过螺钉等紧固件固定于旋转轴上造成组装麻烦的问题，本案通过设置具有第一侧臂和第二侧臂的百叶板，使得叶片固定件卡入倒钩体，转动并使得卡合部卡入被卡合部实现百叶板和叶片固定件的安装，结构简单，制造成本低，组装简便。

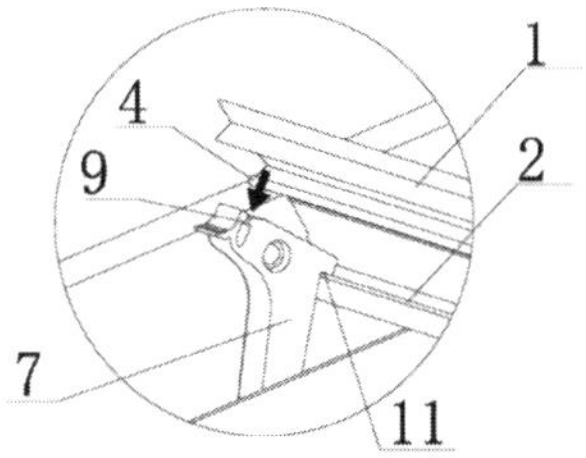

图3-1 本实用新型专利附图

【检索过程分析】

在专利数据库中，检索本专利的专利权人，获得多篇检索结果，结合本专利涉及的主题“百叶板固定结构”，以关键词“百叶”对检索结果限缩，获得可浏览文献量，得到X类对比文件CN205617895U（参见图3-2）。本专利还可通过追踪发明人，结合“百叶”也可获得上述对比文件。

本专利中，除了使用关键词“百叶”外，也可通过技术主题涉及的分类号“E04F10/08 OR E04D13/035”限缩检索结果，以追踪与“百叶”相关的在先申请。

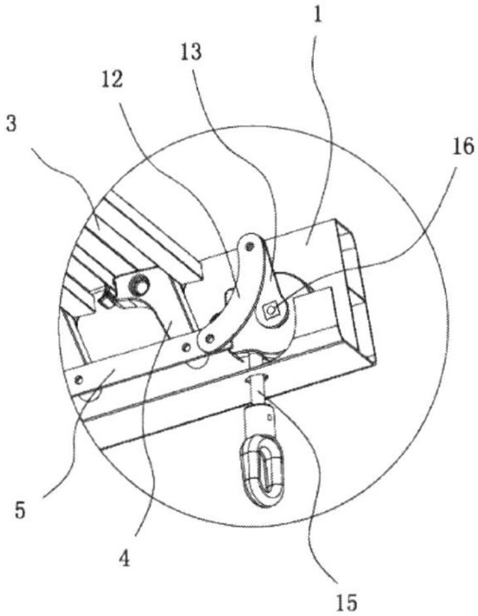

图3-2 对比文件附图

【启示】

在检索开始阶段，通过申请人、专利权人、发明人、省份代码、地址等著录项目信息进行追踪检索，一方面可以了解相关背景技术以便进一步理解技术方案相对于现有技术的改进之处从而进行更有针对性的检索，另一方面也可从在先申请中获得影响本专利新颖性/创造性的文献。当检索结果不利于浏览时，可以通过关键词和/或分类号对追踪检索结果限缩。关键词的使用包括技术主题、关键技术手段等，分类号的使用包括小组、大组甚至小类等，以避免因对比文件的小组分类不准而漏检。

案例 3-2

【案情简介】

本实用新型专利涉及碎煤熔渣气化炉排渣器的冷却装置（参见图 3-3）。为解决现有技术中排渣器在高温环境下冷却效果不佳而导致的过早恶化、损坏、堵塞、寿命较短等问题，本专利通过将冷却装置埋设在主体内并将其设置在邻近主体的内表面，可实现更好的冷却效果。

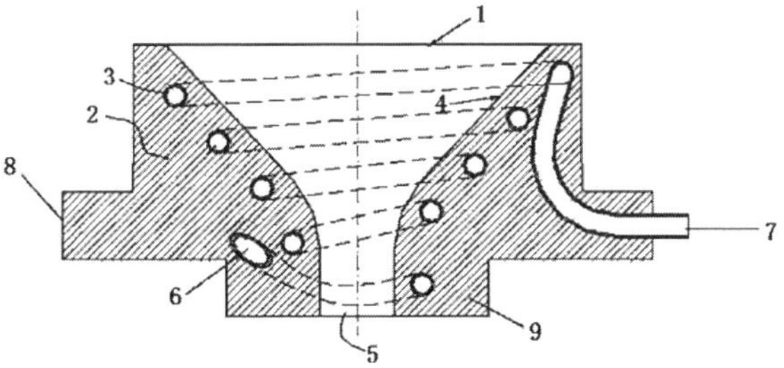

图 3-3　本实用新型专利附图

【检索过程分析】

（1）通过专利权人/发明人追踪检索可获得本专利的同日发明及系列申请，查看它们的引用文件，可获得 X 类对比文件 CN201971797U（参见图 3-4）。

（2）语义检索：在 Patentics 系统中以“R/申请号”进行初步检索，在排序的前列能够获得 X 类对比文件 CN201971797U。通过体现技术主题或者关键技术手段的关键词进行人工干预，以“R/申请号 AND A/（排渣器 and 冷却）”或“R/申请号 AND A/埋”进行检索，可提升上述对比文件的排序。

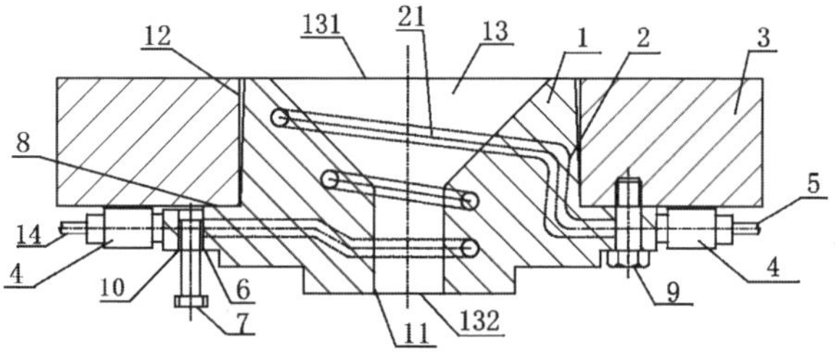

图 3-4　对比文件附图

【启示】

追踪关联申请的引用/被引用文件也是获得影响本专利新颖性/创造性文件的途径之一，本案中追踪了同日申请和系列申请，应当理解的是，若存在同族申请、母案/分案申请及其同族申请等与待检索实用新型专利技术方案密切相关的文件，也是被追踪对象。被追踪对象为中国国家知识产权局受理的申请的，其检索报告和审查意见可从中国及多国专利审查信息查询（cpquery. cnipa. gov. cn）查阅。被追踪对象为其他国家、地区或组织的，其检索报告和审查意见可从全球专利案卷系统（globaldossier. uspto. gov）或 WIPO、USPTO、EPO、JPO、KIPO 等官方网站查阅。

语义检索是初步检索的重要步骤，也是快速获取对比文件的手段之一。对于语义检索结果，可直接阅读排序结果，也可通过人工干预获得更优的排序以提升检索效率。本案中采用了体现技术主题或关键技术手段的关键词干预，应当理解的是，也可采用相应的分类号干预。

追踪检索和语义检索的检索顺序并不固定，审查员可根据实际情况选择合理的初步检索顺序。

三、结构化检索

为使检索结果更全面、准确，审查员在初步检索后还应当进行结构化检索。

检索的对象是权利要求保护的技术方案，并适时参考说明书记载的内容，而技术方案是指对要解决的技术问题所采取的利用了自然规律的技术手段的集合。因此可将技术方案拆分为多个相对独立的可检索的技术手段，其中，每个技术手段分别表示为一个单元，每个单元均是检索要素。理论上，如果存在一篇密切相关的文献且该文献包括了该技术方案所有的单元，则审查员可以组合所有的单元进行检索，但大量检索实践显示，并不是所有的密切相关的文献都能够包括检索对象的所有单元，因此，在检索前或检索过程中需要对检索结果作合理的检索预期，即预期哪些文献与待检索的技术方案密切相关、预期这些密切相关的文献至少应当包括哪些单元以及预期这些单元在这些密切相关的文献中可能以什么样的形式存在等。作为密切相关的文献，可以预期的是，它们与待检索技术方案之间很大程度上存在相同或相近的发明基本构思，它们应当包括了体现技术方案的基本构思的单元，因此可以采用这些单元进行检索，以预期获得密切相关的文献，而这些体现技术方案基本构思的单元即为关键检索要素。而这些单元被预期在这些密切相关的文献中可能以什么样的形式存在为关键检索要素的表达和组合，即将同一个关键检索要素的不同表达方式构造成检索模块，结合实用新型专利的主题的特点和检索情况，运用逻辑运算符对检索模块进行组合。以下将从关键检索要素的确定、表达以及组合等方面阐述以技术手段为基础的结构化检索思路，尤其是在关键检索要素的表达方面，将着重阐述如何利用检索预期有规律地对其进行表达。

（一）关键检索要素的确定

1. 从技术主题确定一个关键检索要素

将实用新型技术主题的单元作为一个关键检索要素。以“储藏容器”为例（参见图3-5），其用于放置泡菜，针对现有技术存在“泡菜持续产生的发酵气体（二氧化碳）对容器盖产生压力，容器盖可能会被强行开启”的技术问题，本实用新型专利提供“一种储藏容器，具有可放置泡菜的储藏空间的可封闭的箱体（1），其特征在于，所述的储藏容器还包括使储藏容器内部压力保持一定的压力平衡装置，所述压力平衡装置由外盖（2）和可透气的内盖（3）以及放置于外盖（2）和内盖（3）之间的可吸收泡菜发酵过程中产生的气体的吸收剂（4）组成”。依据上述方法将“用于放置泡菜的储藏容器”确定为一个关键检索要素。

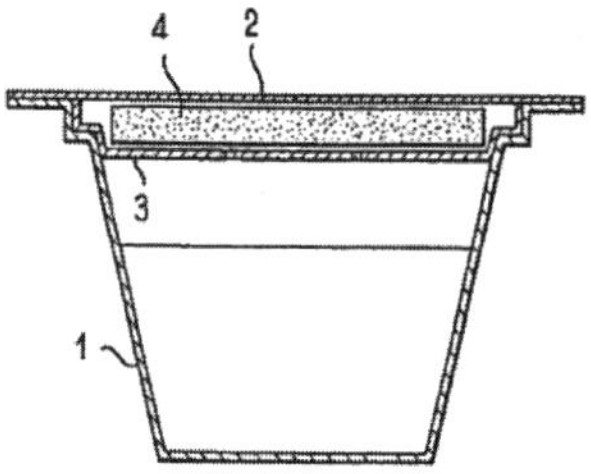

图 3-5　储藏容器的示意图

2. 从对现有技术作出改进的技术手段中确定一个或多个关键检索要素

确定对现有技术作出改进的技术手段需要考虑该技术方案所解决的技术问题，从要解决的技术问题出发，将与待解决的技术问题密切相关的技术手段作为关键检索要素；进一步地，对于多个技术问题的，还需考虑将相应的多个技术手段分别作为关键检索要素。以上述“储藏容器”为例，其为了解决“泡菜发酵气体可能会导致容器盖强行开启”的技术问题，采用了“压力平衡装置及其结构”的技术手段，因此将“压力平衡装置及其结构”作为一个关键检索要素。实际检索过程中的重点和难点是根据具体使用的检索工具，采用检索系统可识别的语言，根据检索预期合理且系统地表达出该关键检索要素以实现检索。

（二）关键检索要素的表达

如前所述，采用上述方法所确定的体现技术方案基本构思的单元代表技术手段，形式上常是一句话，甚至是一段话，而通常来讲，预期目标文献很难记载有相同的一句或一段话，因此，需对每个关键检索要素进行表达，以便在检索系统识别并进行检索。关键检索要素的表达形式主要包括分类号、关键词等。一般地，对于体现实用新型专利的主题的关键检索要素应当优先用分类号进行表达。

1. 技术主题的表达

技术主题的表达与技术领域密切相关，对于实用新型专利而言，一般着重于考虑该实用新型专利所属的技术领域，但是现有技术中给出明确的技术启示，例如现有技术中有明确的记载，促使所属技术领域的技术人员到相近或者相关的技术领域寻找有关技术手段的，可以考虑其相近或者相关的技术领域。技术领域可分为功能领域和应用领域，因此，对于技术主题的表达，需要基于以上两方面考虑。再看“储藏容器”案例，容器是其功能领域，泡菜是其应用领域，那么可采用功能领域和/或应用领域来进行不同角度的表达，每一种表达代表一种检索预期。例如，预期检索到一篇目标文献也披露了一种用于放置泡菜的储藏容器，那么“泡菜 AND 容器”（即两相同：功能领域和应用领域均相同）更准确地表达了该技术主题；但该案例中，可以预期的是，放置非泡菜发酵食物的容器也与该技术主题密切相关，因而也可单独采用“容器”对该技术主题进行表达以预期获得目标文献。

2. 对现有技术作出改进的技术手段的表达

通常，技术手段对应该技术手段所解决的技术问题，而解决该技术问题则会带来相应的技术效果，而实施该技术手段通常还对应相应的技术原理。可见，对于一个技术手段而言，对应的技术问题、技术效果、技术原理等是与其密切相关的部分，它们之间相互关联。因此，对于技术手段的表达，不仅需要考虑技术手段本身的表达，还需考虑与其密切相关的技术问题、技术效果、技术原理。

检索实践中，对于如何利用技术手段本身、技术问题、技术效果以及技术原理等对技术手段进行表达也是与检索预期密切相关的。理论上，如果对比文件记载有相同/等同的技术手段，对应的应当有相同/等同的技术问题、相同/等同的技术效果以及相同/等同的技术原理等，则可采用“四相同”（手段本身 and 技术问题 and 技术效果 and 技术原理）对技术手段进行表达，其所代表的预期是不仅手段本身相同，而且所解决的技术问题、所带来的技术效果、实施的技术原理也相同，而实际上由于技术人员撰写方式不同等原因，预期目标文献中并不会记载以上所有与技术手段密切相关的部分，例如，目标文献中仅记载了手段本身，或目标文献中不仅记载了手段本身还记载了技术问题和/或技术效果，又或目标文献中不仅记载了手段本身还记载了技术效果和/或技术原理等，对于这些情况，可采用“三相同”（例如“手段本身 and 技术问题 and 技术效果”）、“两相同”（例如“手段本身 and 技术效果”）或“单相同”（例如“手段本身”）对技术手段进行不同角度的表达。某些情况下，技术手段本身难以采用关键词或分类号表达（例如复杂结构、连接关系等），而预期目标文献记载了相同或相近的技术问题和/或技术效果和/或技术原理，也可采用“三相同”（例如“技术问题 and 技术效果 and 技术原理”等）、“两相同”（例如“技术问题 and 技术效果”等）或“单相同”（例如“技术问题”等）对技术手段进行间接表达。某些情况下，预期目标文献虽然记载了相同/等同的技术手段，但并不一定是解决相同的技术问题或达到相同的技术效果（例如“螺纹”既可以用来连接也可以用来传动），此时，采用“手段本身 and 技术问题/技术效果”等“多相同”可更完整、准确地表达技术手段。

需要注意的是，技术问题、技术效果及技术原理等除在完整、准确表达技术手段上的应用外，某些情况下，还可用于限制文献浏览量，提高检索效率。例如，当仅采用“手段本身”表达导致检索结果过多而不利于浏览时，为了提高检索、浏览效率，也可采用技术问题、技术效果或技术原理等技术手段的其他表达限缩检索结果。

3. 技术主题和对现有技术作出改进的技术手段的组合表达

由于分类号和关键词是表达关键检索要素的主要形式，有些分类号不仅涉及与技术主题相关的领域，还涉及对这些技术主题下的具体技术改进，因此，某些特定情况下，技术主题和对现有技术作出改进的技术手段可以组合表达。例如一种浇花装置，技术改进在于“通过设置定时装置实现间歇性浇水”，则 CPC 分类号 A01G27/001（自动浇水装置，例如用于花盆的；{有间歇浇水装置}）可同时对技术主题和改进的技术手段进行表达。

（三）构建检索式

如前所述，可以将同一个关键检索要素的不同表达方式构造成检索模块，结合实用新型专利的主题的特点和检索情况，运用逻辑运算符对检索模块进行组合构建检索式。检索模块的组合方式包括全要素组合检索、部分要素组合检索和单要素检索。如果单要素的检索式获得的检索结果在可浏览范围内，可根据需要选择是否再进行部分要素组合或全要素组合，例如上述“储藏容器”案例，技术主题表达为“泡菜 AND 容器”，其中泡菜可以表达为“(sauerkraut or pickle? or kim? ch??)”、容器可以表达为“(B65D81/26 or B65D51/24)/IC”；手段本身可以表达为“[(lid? or cover? or cap?) and inner and outer and (absor+ or adsor+)]”；技术问题/技术效果可以表达为“[(expand+ or broken) or pressure]”；技术原理可以表达为“[((carbon 1w dioxide) or CO_2 or gas??) and (absor+ or adsor+)]”。预期检索到一篇 X 类目标文献时，使用技术主题进行检索，在 VEN 数据库中检索得到可浏览范围内文献数量，获得 X 类对比文件 JP2005059954A。对于该案例，还可以使用其他要素组合进行检索，例如“容器+手段本身”，可获得X类对比文件JPH0314464A、JPS62232353A、JPH10114372A；“容器+手段本身+技术问题或技术效果”，可获得X类对比文件JPH0314464A；“容器+技术原理+技术问题或技术效果”，可获得X类对比文件JPH0314464A、WO0240368A1、JP2005059954A；“容器+技术问题+技术效果”，可获得X类对比文件JP2005059954A；“容器+技术原理”，可获得X类对比文件JPH0314464A、WO0240368A1、JP2005059954A。

以上从技术方案出发，详述了以技术手段为基础的结构化检索思路。而检索本身是一个不断思考的过程，为了更直观地阐述前述检索思路、方便运用该思路并在运用过程中清晰地梳理检索脉络、调整检索策略，可以通过图3-6的思维导图对该检索实践进行指导。

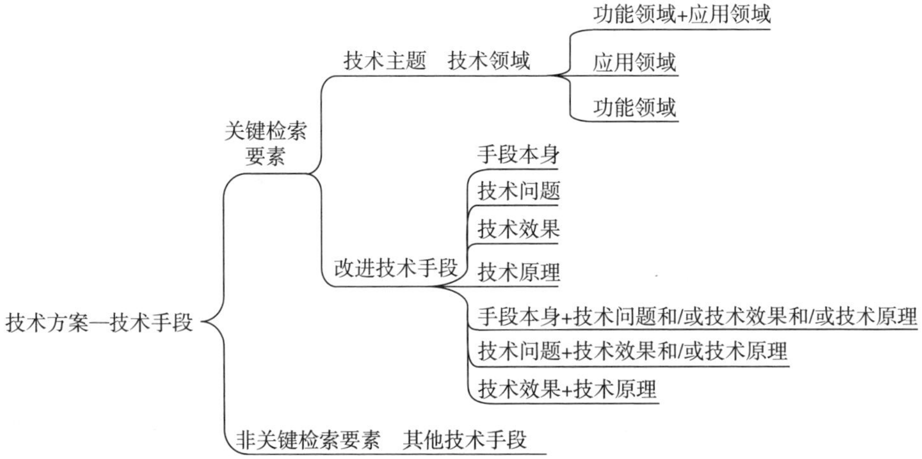

图3-6 以技术手段为基础的结构化检索思维导图

四、结构化检索的应用

以下将通过多种类型的典型案例进一步阐述以技术手段为基础的结构化检索思路在实际检索过程中的应用。需要说明的是，以下案例虽然在专利检索与服务系统中检索，但相同的检索思路和策略在专利检索及分析系统、incoPat 等数据库中也适用，检索结果也并不是穷举。

案例 3-3 仅采用技术主题的检索模块

【案情简介】

本实用新型专利涉及抗震防松自锁螺纹紧固件（参见图 3-7）。为解决螺纹紧固件的松动问题，特别是在复杂振动环境下，通信、电子行业中作为调节、调谐的普通螺钉，在运输途中及工作时容易因振动及温度变化而造成螺钉松动，引起螺钉偏离工作位置，导致电信号的漂移，从而使设备无法正常工作。本专利通过压缩螺杆上的径向切槽而产生恒定的弹力，消除螺杆上的螺纹与螺母的螺纹孔之间的游隙，并由其产生的较大摩擦力迫使螺杆与螺孔产生自锁。

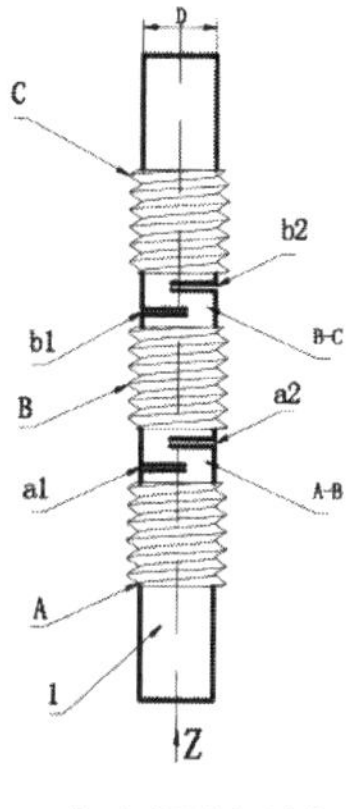

图 3-7 本实用新型专利附图

【权利要求】

一种抗震防松自锁螺纹紧固件，包括带有外螺纹的螺杆，其特征在于，同一螺杆上至少制有两段或以上独立且相互有错位的螺纹段，其螺杆螺纹段之间的光杆柱面上至少分布有两个或两个以上对称于轴线且相互错位的径向切槽。

【检索过程分析】

（1）关键检索要素的确定

根据前述关键检索要素的确定方法，通过技术主题确定一个关键检索要素：抗震防松自锁螺纹紧固件；从技术改进确定一个关键检索要素：同一螺杆上至少制有两段或以上独立且相互有错位的螺纹段，其螺杆螺纹段之间的光杆柱面上至少分布有两个或两个以上对称于轴线且相互错位的径向切槽。

（2）关键检索要素的表达

对于技术主题的表达，通常考虑其功能领域和应用领域。根据本专利技术方案整体可知，“螺纹紧固件”实质为带螺纹的杆件，其功能领域的分类号为 F16B39/286（由锯痕引起的用弹性变形锁定的用螺母或螺栓上的特殊元件，或螺母或螺栓的特殊形状）和 F16B35/04（具有为将螺栓固定在物体上或物体内，而带有特殊形状的头或杆），关键词可表达为螺纹、screw。可以注意到 F16B39/286 不仅包含对螺栓的改进，也包含对螺母的改进，因此在使用 F16B39/286 时可以利用分类号或关键词将其进一步限缩至螺栓的技术主题，而 F16B35/04 的 CPC 下位组 F16B35/041（带有特殊形状的杆的螺栓）表达可避免 F16B35/04 表达时不仅包含特殊形状的杆也包含特殊形状的头的表达缺陷。“调谐”是其背景技术声称的其中一种具体应用，涉及的分类号众多，不易获取且穷举，因而可以考虑采用如下关键词表征：调谐、共振、谐振、tune、oscillate、resonate、syntony。

（3）构建检索式

在 VEN 数据库中构建技术主题的优先表达形式“功能领域+应用领域”：F16B35/041/CPC and（tune? or tuning or oscillat+ or resonat+ or syntony）或 F16B39/286/IC and（tune? or tuning or oscillat+ or resonat+ or syntony），检索结果篇数均为可浏览的范围，可获得 X 类对比文件 US4598334A、FR2621363A1 和 WO0055512A1（参见图 3-8）。

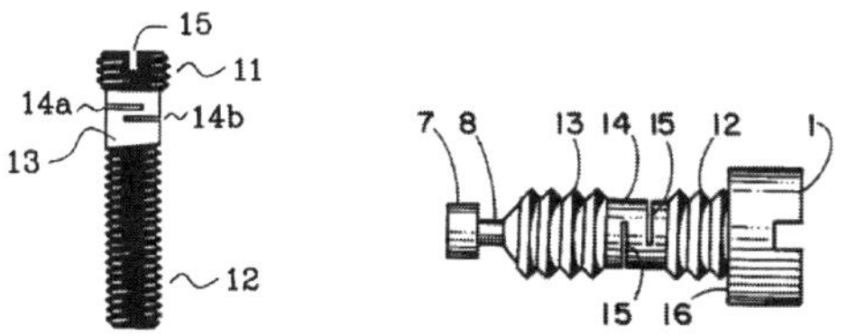

图 3-8　部分对比文件附图

【启示】

对于既有功能领域又有应用领域的技术主题，两者相与是其优先表达形式。如果仅采用技术主题的检索模块（如本案例中的功能领域和应用领域相与）就已获得了适于浏览的检索结果，则可使用技术主题的检索模块单独检索。而对于其他仅采用技术主题的检索模块仍然不适于浏览的情况，仍需结合技术改进的检索模块构建检索式。

案例 3-4　采用技术主题与手段本身的检索模块

【案情简介】

本实用新型专利涉及数码产品支架（参见图 3-9）。为解决现有支架结构在夹持数码产品（例如手机等）时夹持臂存在摇晃和夹持范围有限的问题，本专利利用数码产品对支撑爪的重力作用，将其向下拉伸进而拉动左、右夹臂向内收缩从而自动夹紧数码产品，并通过各连杆组合实现夹持范围的扩大。

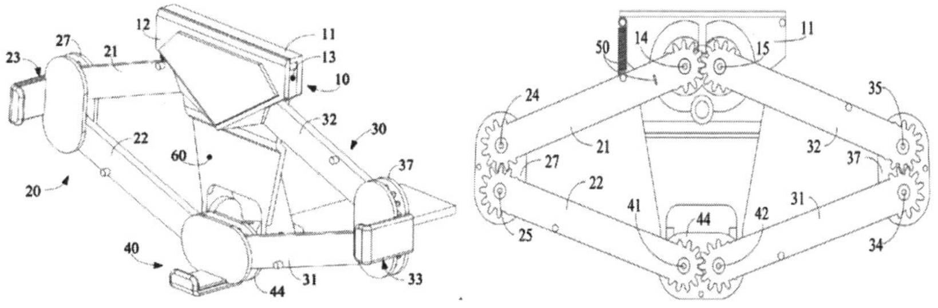

图 3-9　本实用新型专利附图

【权利要求】

一种数码产品支架，它包括基座、左夹臂、右夹臂、支撑爪以及用于使左夹臂、右夹臂以及支撑爪复位的弹性复位件，所述左夹臂、右夹臂以及支撑爪形成容置空间用以容纳数码产品，其特征是：所述左夹臂包括第一连杆、第二连杆以及左爪，所述右夹臂包括第三连杆、第四连杆以及右爪，所述第一连杆、第二连杆、第三连杆以及第四连杆的两端依次啮合，所述第一连杆、第二连杆与所述左爪铰接，所述第二连杆、第三连杆与所述支撑爪铰接，所述第三连杆、第四连杆与所述右爪铰接，所述第一连杆、第四连杆与所述基座铰接。

【检索过程分析】

（1）关键检索要素的确定

根据前述关键检索要素的确定方法，通过技术主题确定一个关键检索要素：数码产品支架；从技术改进确定一个关键检索要素：所述左夹臂包括第一连杆、第二连杆以及左爪，所述右夹臂包括第三连杆、第四连杆以及右爪，所述第一连杆、第二连杆、第三连杆以及第四连杆的两端依次啮合，所述第一连杆、第二连杆与所述左爪铰接，所述第二连杆、第三连杆与所述支撑爪铰接，所述第三连杆、第四连杆与所述右爪铰接，所述第一连杆、第四连杆与所述基座铰接。

（2）关键检索要素的表达

对于技术主题的表达，通常考虑其功能领域和应用领域。根据分析可知，“数码产品支架”在功能上是支架，功能领域的分类号为F16M11（用于器械或其上制品的作为支承的机台或支架），而该支架用于夹持数码产品，主要涉及夹持手机，即应用之一为手机领域，应用领域的分类号为H04M1/04（电话送话器或受话器的支架）。根据检索预期，目标文献最好也是用于夹持手机的支架，因此优先“功能领域+应用领域”表达。

对于技术改进的表达，其优先表达形式是技术手段本身，对于技术手段核心结构易于表达的，可直接用来构建检索式。在本案例中，“由连杆构成的夹臂及连杆之间的啮合结构（齿轮）”属于该数码产品支架的核心结构，因此，手段本身可以表达为“link? and gear?”。

（3）构建检索式

先在 VEN 数据库中构建技术主题的检索模块：（F16M11/+ and H04M1/04）/ic，检索结果篇数较多，噪声较大，不适于浏览。因而，需结合技术改进的表达继续构建检索式，优先选择结合技术手段本身进行表达：(F16M11/+ and H04M1/04)/IC and link? and gear?，检索结果篇数为可浏览的范围，可快速获得 X 类对比文件 GB2545936 A（参见图 3-10）。

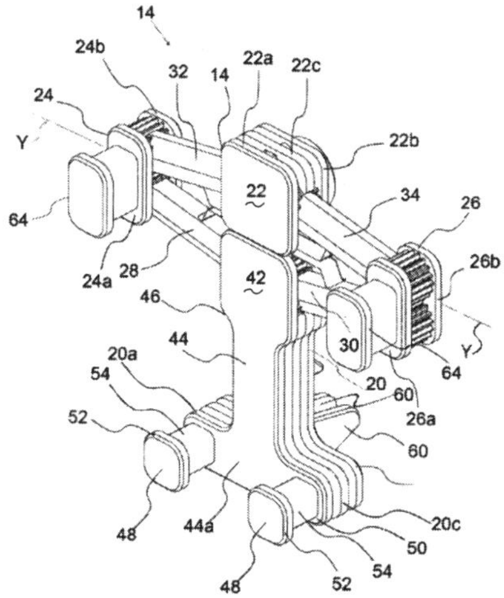

图 3-10　对比文件附图

【启示】

对于既有功能领域又有应用领域的技术主题，两者相与是其优先表达形式。而技术手段的优先表达形式是其本身，例如对于手段的核心结构易于表达的，可直接构建检索式。如果“技术主题+手段本身”的检索结果较多，不易浏览，可以使用技术效果、技术问题或技术原理的表达进行进一步的限缩检索。应当理解的是，本案例中当技术主题采用“手机支架”仍没有检索到目标文献，预期由于目标文献撰写方式等原因，可能仅记载了“支架”，此时还需对技术主题采用单独的“支架”进行表达，避免遗漏目标文献。

案例 3-5　采用技术主题与技术效果/技术问题的检索模块

【案情简介】

本实用新型专利涉及跳床的改良结构（参见图 3-11）。现有跳床支架的相邻两根顶管的端部呈圆管状，其中部套接有连接杆，其中一根顶管的下端焊接有一根中空的套管，腿管的端部即插接在该套管内，但该支架结构不牢靠，其焊接部分容易被氧化并出现断裂现象，造成安全隐患。为解决上述技术问题，本专利通过三通套管将跳床相邻的两根顶管及位于两根顶管之间的腿管相连，不仅拆装非常方便，而且消除了原有的焊接结构所存在的安全隐患问题。

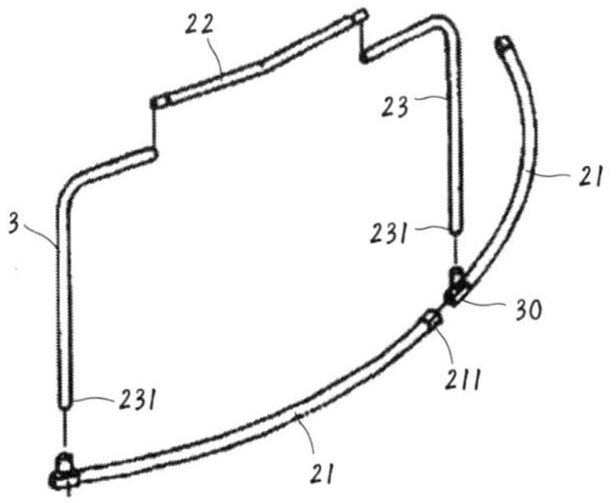

图 3-11　本实用新型专利附图

【权利要求】

跳床的改良结构，该跳床的弹簧床垫由支架支承，其中，支架由多根顶管（21）、底管（22）以及腿管（23）连接而成，其特征在于：相邻的两根顶管（21）的端部（211）以及位于该两根顶管（21）之间的腿管（23）的端部（231）通过三通套管（30）相连。

【检索过程分析】

（1）关键检索要素的确定

根据前述关键检索要素的确定方法，通过技术主题确定一个关键检索要素：跳床的改良结构；从技术改进确定一个关键检索要素：相邻的两根顶管的端部以及位于该两根顶管之间的腿管的端部通过三通套管相连。

（2）关键检索要素的表达

对于技术主题的表达，通常考虑其功能领域和应用领域。根据分析可知，“跳床的改良结构”实质为管件的相互连接，其功能领域的分类号为F16B7/+（杆或管的相互连接），可以预期的是，该表达涉及范围较广，检索噪声较大，因此我们着重考虑其应用领域“跳床”，分类号为A63B5/11（蹦床）。根据检索预期，将技术主题表达为A63B5/11。

对于技术改进的表达，可以根据技术手段的核心结构表达为三通管、三通套管、tee等关键词。

根据本专利解决的技术问题“因管件焊接结构所引起的安全隐患问题”，如果目标文献与本实用新型密切相关，则预期其也解决了相同的技术问题，即目标文献同样涉及“管件焊接”引起的安全隐患问题，因此，技术改进从技术问题角度可以表达为引起安全隐患问题的主要原因：管件焊接、“（tube or pipe）and weld+”。

（3）构建检索式

先在VEN数据库中构建技术主题的检索模块，检索结果篇数较多，噪声较大，不适于浏览。进一步，结合技术改进的表达继续构建检索式，优先选择结合技术手段本身构建检索式，未能获得有效对比文件，主要原因在于不同申请人对“三通套管”的描述方式不尽相同，这在机械领域尤为常见，而舍弃“三通”仅采用“管”表达，文献量巨大。因此，选择技术主题结合技术问题构建检索式：A63B5/11/ic/cpc AND（tube or pipe）AND weld+，检索结果篇数属于可浏览的范围，可获得X类对比文件US2004091307A1（参见图3-12）。

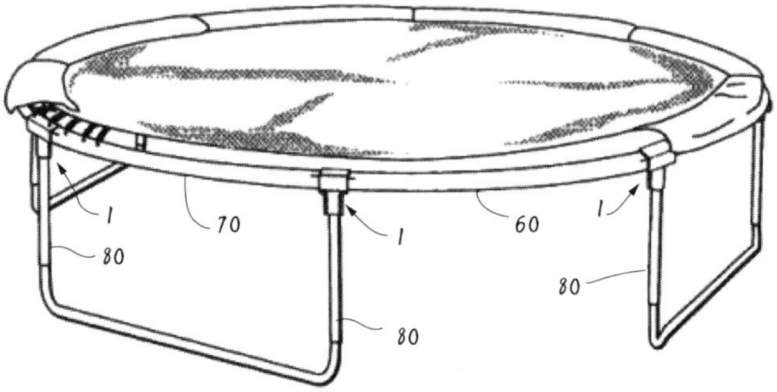

图3-12　对比文件附图

【启示】

该案中因无法准确预期不同申请人对同一结构的描述方式，采用技术手段本身表达技术改进难以获得有效对比文件，转而通过与技术手段密切相关的技术问题表达技术改进，获得了有效的对比文件。虽然上述案例中以技术问题的角度表达技术改进，然而，也可调整采用技术效果等表达方式。

案例3-6　采用技术主题+技术原理的检索模块

【案情简介】

本实用新型专利涉及用于包括在冲击钻的钻头内的硬金属嵌件（参见图3-13）。现有冲击钻的钻头包括大量硬金属嵌件，用于保护冲击钻的钻头，嵌件的帽在岩石钻孔期间会被磨损，为了在钻头的完整使用寿命期间确保钻头相对高的钻速，嵌件会被多次重新研磨，本专利的目的即为提供一种可以被重新研磨到所需形状的硬金属嵌件。

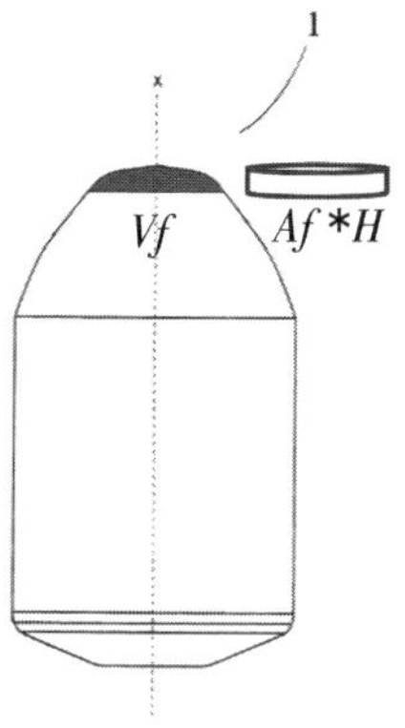

图 3-13 本实用新型专利附图

【权利要求】

一种用于包括在冲击钻的钻头内的硬金属嵌件，所述嵌件包括帽和圆柱形部分，帽构成包括磨损表面的磨损部分，所述圆柱形部分构成具有横截面积和直径的安装部，其特征在于，所述帽包括前部部分，所述前部部分具有沿着所述嵌件的对称轴线从所述帽的所述磨损表面上的第一点至所述帽中的第二点的延伸，所述前部部分构成在第一平面和第二平面之间的体积（*Vf*），所述第一平面在所述第一点处与所述对称轴线成直角相交，所述第二平面在所述第二点处与所述对称轴线成直角相交，所述体积（*Vf*）大于或等于所述前部部分在所述第二平面内的横截面积（*Af*）乘以沿着所述对称轴线在所述第一点和所述第二点之间的距离（*H*）的积的0.6倍，并且所述前部部分在所述第二平面内的直径（*Df*）大于或等于所述安装部的直径（*D*）的0.5倍并且小于或等于所述安装部的直径（*D*）的0.6倍。

【检索过程分析】

（1）关键检索要素的确定

根据前述关键检索要素的确定方法，通过技术主题确定一个关键检索要素：用于包括在冲击钻的钻头内的硬金属嵌件；从技术改进确定一个关键检索要素：帽包括前部部分，前部部分具有沿着嵌件的对称轴线从帽的磨损表面上的第一点至帽中的第二点的延伸 H，前部部分构成在第一平面和第二平面之间的体积 Vf，第一平面在第一点处与对称轴线成直角相交，第二平面在第二点处与对称轴线成直角相交，体积 Vf 大于或等于前部部分在第二平面内的横截面积 Af 乘以沿着对称轴线在第一点和第二点之间的距离的积的0.6倍，并且前部部分在第二平面内的直径 Df 大于或等于安装部的直径 D 的0.5倍并且小于或等于安装部的直径 D 的0.6倍。

（2）关键检索要素的表达

对于技术主题的表达，通常考虑其功能领域和应用领域。硬金属嵌件的功能领域无论从分类号还是关键词都难以准确地表达。根据技术方案可知，该硬金属嵌件专用于岩石钻孔的冲击钻钻头，属于受某一特定应用领域限制的技术主题，因此相较功能领域，应用领域是该技术主题的优先表达形式，即E21B10/46（土层或岩石的钻进—钻头—以抗磨部件为特征的钻头，例如，金刚石镶嵌）。

对于技术改进的表达，如前所述，本案例的技术改进采用了大量的文字描述，其实质是以一个数学式即体积关系式 $Vf \geq 0.6Af * H$，阐明了该硬金属嵌件具体结构的技术原理。因此，从技术手段本身、技术效果以及技术问题的角度，都难于直接准确表达本案例的技术改进。根据说明书中的记载："帽可具有几种形状中的任一种，如球形、半弹道的或全弹道""磨损表面包括第一和第二球形部分""磨损表面包括基本平的前部部分和球形部分"等，可以发现，在提及前部部分时，对其形状进行了描述，可以意识到体积比 $Vf \geq 0.6Af * H$ 与前部部分的形状存在一定的内在联系，结合普通数学知识可知，半球、球缺等常见形状均可能满足上述体积比 $Vf \geq 0.6Af * H$（参见表3-1）。因此，从技术原理的角度，可将体积比 $Vf \geq 0.6Af * H$ 表达为与球相关的形状，具体表达为：spherical。

表 3-1　常见形状体积比

形状	半球	球缺
Vf/（*Af* * *H*）	0.67	0.5～1

（3）构建检索式

在 VEN 数据库中构建技术主题结合技术原理的检索式：E21B10/46/IC and spherical，限定公开时间后检索结果篇数属于可浏览的范围，可获得 X 类对比文件 US4776413A。

【启示】

对于技术主题的表达，有特定应用领域的，优先以该特定应用领域进行表达。对于改进的技术手段，本案例将其转换为其所表达的公式，利用公式所代表的技术原理表达。而除了从技术原理上对公式进行表达，根据待检索技术方案的实际情况，还可从公式所体现的数学原理或物理原理的参数等出发对其加以表达。

第四节　非专利检索的一般过程

一、期刊、书籍检索

对于一些高校和科研院所申请的、涉及公知常识举证的、理论性强的、前沿技术领域的、涉及技术原理的实用新型专利，在进行非专利检索时应当关注一下包含期刊、硕博论文、书籍等文献的数据库，例如 CNKI 数据库、万方数据库、超星读秀数据库、ISI 数据库等。由于上述数据库无法使用分类号，但可以从题名、作者、关键词、摘要、参考文献、来源等多个检索入口进行检索，其中主要是通过关键词构建检索式进行检索，其检索式的构建方法可以参照本章第三节专利检索的一般过程中的相关内容。

二、互联网检索

实用新型专利的保护期比发明专利短，专利审批过程没有经过实质审查程序，因此，其专利审批时间也比发明专利短。对于一些实用性强、更新速度快的产品往往会申请实用新型专利，对于这些产品或相似产品，企业或个人出于抢占市场、成本、快速销售等各方面的考虑，习惯于通过电商、众筹等模式进行线上销售，通过视频平台、社交媒体去宣传推广，由此产生越来越多的互联网公开，比如电商公开、众筹公开、视频公开等，这就要求必须对此类实用新型专利加强互联网检索。

（一）互联网证据公开时间的确定

互联网证据日益成为知识产权领域的一种重要证据形式，尤其在评价报告工作中遇到了越来越多的互联网证据。相对于传统证据，互联网证据具有形式多样、来源广泛、易于删改的特点，加之商业网站或者网络平台愈发注重用户体验，网络信息的可编辑性、隐私设置等用户需求也趋于多元化和动态化。因此，在涉及互联网证据的案件中，影响公开性认定的因素较为复杂。其中，互联网证据公开时间的确定是互联网证据使用中的难点。

专利法意义上的出版物是指记载有技术或设计内容的独立存在的传播载体，并且应当表明或者有其他证据证明其公开发表或出版的时间。出版物可以是纸质出版物、视听资料，也可以是存在于互联网或其他在线数据库中的资料等。

存在于互联网或其他在线数据库中的资料应当是通过合法途径能够获

得的，资料的获得是否需要口令或者付费、资料是否有人得知是无关紧要的。

存在于互联网或其他在线数据库中的资料的公开日一般以发布日为准，有其他证据证明其公开日的除外。以网络方式出版的书籍、期刊、学位论文等出版物，其公开日为网页上记载的网络发布日或公开日。对于网页上未明确发布日或者发布日存疑的资料，可以参考日志文件中记载的发布日期和修改日期、搜索引擎给出的索引日期、互联网档案馆服务显示的日期、时间戳信息或者在镜像网站上显示的复制信息的发布日期等信息确定公开日。

（二）基于产品属性分析的实用新型互联网检索策略

现有互联网检索工具和平台主要包括有搜索引擎、电商、众筹、视频、论坛等等。搜索引擎作为一种检索工具聚合了其他检索平台，虽然数据最全但同时检索噪声也是最大的，显然不是在互联网检索中优先选择的检索工具；对于互联网检索，我们要提高检索效率就应该充分挖掘实用新型专利产品的特点，优先选择最符合其产品特点的检索平台。

本书在大量评价报告案例积累中，研究提出了基于产品属性分析的实用新型专利互联网检索策略，其整体思路是基于属性分解和属性聚合进行检索平台选择。属性分解是指从互联网角度尽可能多维度地描述实用新型专利产品的特点。属性聚合是指将分解得到的属性进行二次归纳。根据属性聚合的结果来选择所适合的互联网检索平台。理论上，优先选择最符合产品属性特点的检索平台进行检索。但在检索实践中，往往对实用新型专利产品的应用领域不熟悉，在表达检索要素时存在困难，通常也可以从搜索引擎或电商开始检索，以对实用新型专利产品的应用领域有快速、初步的了解。同时，应重点关注高度相似或者相同产品，掌握其品牌、型号等相关信息，以此作为线索选择更能符合产品属性特点的检索平台进行追踪，可以提高检索效率。

（三）产品属性分解和属性聚合方法

根据实用新型专利保护的产品的特点，从领域性、创意性、感知性、专业性、演示性5个维度对产品属性进行分解（参见图3-14）。

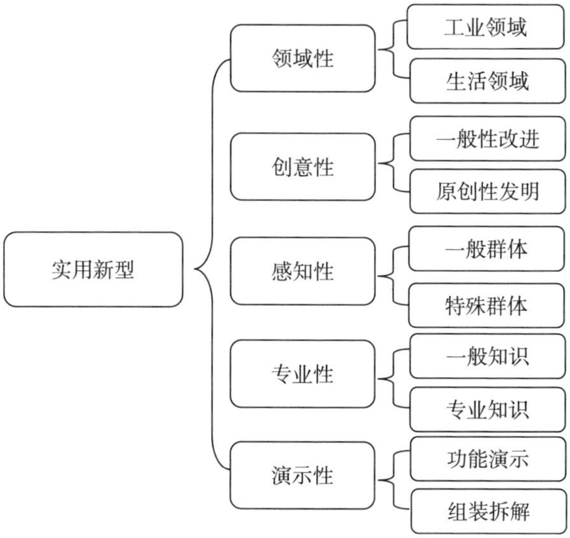

图3-14 属性分解方法

（1）领域性：分为工业领域和生活领域。

（2）创意性：分为一般性改进和原创性发明。一般性改进，主要是指其整体发明构思已在现有技术中有所揭示，其仅在现有技术的基础上进行了一般性改进；原创性，主要是指其发明构思在现有技术中从未被揭示。产品的创意性高低经过专利库的初步检索，基本可以获得。

（3）感知性：分为一般群体感知和特殊群体感知，主要是指产品的创意性更容易被哪类群体感知。工业领域的产品一般是对应的工业领域的特殊群体感知；生活领域的产品则需要具体判断，有的生活领域的产品属于一般群体感知，如储物架、晾衣架等，有的则属于特殊群体感知，如专业健身设备、渔具、生活服务类机器人等，其创意性需要对这个领域有一定了解的群体才能感知。

（4）专业性：分为一般知识和专业知识，需要结合产品的领域性进行判断。一般知识通常涉及基本的生活常识，比如一种手机支架，其创意性体现在其采用磁铁的磁性吸附原理进行连接固定，手机支架属于日常生活领域，而磁铁的磁性吸附原理属于基础物理原理，因此可以认为其仅涉及一般知识；专业知识通常涉及所属技术领域的专业技术知识，比如一种生活服务类机器人，其创意性体现在其独特的机械传动方式，而该传动方式的理解依赖于一定的机械专业背景，创意性的高低需要结合机器人领域的相关知识进行判断，因此可以认为其涉及专业知识。

（5）演示性：分为功能演示和组装拆解演示。功能演示是指包括但不限于具有多种变化状态、使用状态的产品的演示性需求，组装拆解演示是指具有组装或者拆解需求的产品的演示性需求。

下面结合几个主要的互联网检索平台的特点，来分析适合在各检索平台检索的产品所侧重的产品属性，以及如何基于属性分解和属性聚合来选择合适的检索平台，并介绍各检索平台的检索技巧以及证据特点。

1. 电商检索

1）电商平台及其证据特点

电商平台以快销售、大销售量为目的，销售的多为生活领域的产品，展示的多为产品使用状态的实物照片或视频，对技术细节一般不会充分展示，因此，在电商平台上检索获得的证据通常为产品的外部结构特征，技术细节不足。同时，电商上的产品大多已经开始批量生产和销售，因此电商平台上的产品公开时间相对视频、众筹等平台较晚。

2）适合电商检索的产品的属性特点

基于电商平台的特点，生活领域的产品通常具有网络销售的可能性，而工业领域的产品通常采用线下销售，因此适合电商检索的产品突出体现为其生活领域的属性特点，而对创意性、感知性、专业性、演示性并无特殊要求（参见图3-15）。

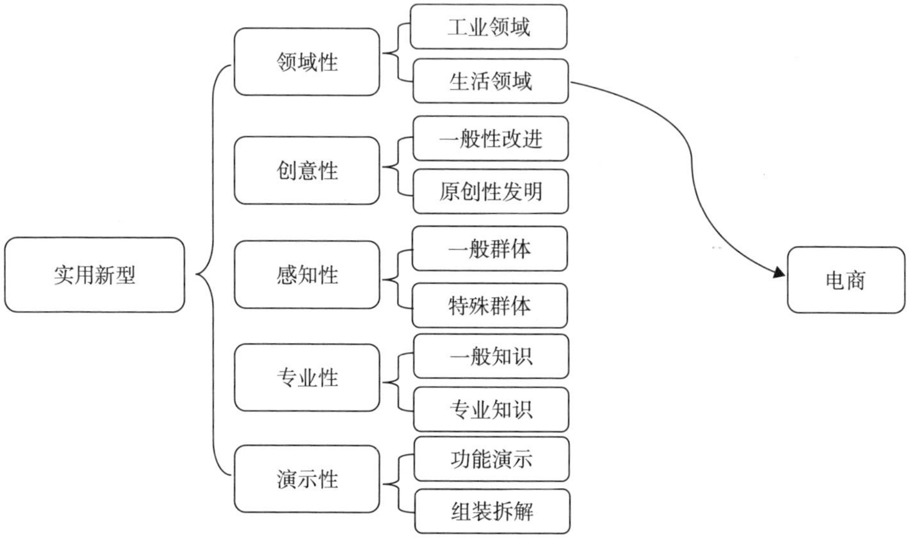

图3-15　适合电商检索的产品的属性特点

3）电商证据的检索和使用技巧

（1）电商检索平台的选择

电商中的大型平台相对集中，检索一般可在几个大型平台如京东、天猫、亚马逊中进行，并且各平台检索界面友好，在搜索框中输入关键词即可快速检索。其中，天猫（淘宝）的在线商品数据相对其他平台更多更全，可优先选择对其进行检索；京东的在线商品数据相对较多；亚马逊在各个国家都有平台，可以根据产品的可能销售地来选择对应的亚马逊平台。

为了保证电商证据的真实性和有效性，尽量选取京东、天猫、亚马逊等具有一定公信力的网站，因其发布信息的公开性和真实性是有保障的；而淘宝网的商品页面可由卖家编辑，一个产品链接先后可以展示不同的产品，有的时候产品的评价晒单与产品详情页面展示的是完全不一样的产品，因此需要根据情况具体分析。

（2）检索关键词的选取

关键词选取时应至少包括产品主题名称的关键词，还可以选取体现发明构思的结构特征关键词；同时，由于电商的产品名称中多涉及产品的用途、效果的宣传用语，而且商家也主要从这角度扩展用语，因此可以从这些角度选取和扩展相应的关键词，如一种网格照片墙，可以从用途、效果角度扩展得到寝室、悬挂、无痕、免钉等关键词；如果通过其他检索方式获得高度相似或相同的产品，也可以将其品牌或型号作为关键词进行检索。

（3）电商证据的公开时间及证据固定

对于电商证据的公开时间，一般来说电商是通过评价的发布时间来确定其公开时间的。以天猫为例，无论网页版还是手机 APP，它的评价页面具有图片筛选功能，可以快速筛选出带有图片的评论；还可以按时间对评价页面进行排序（目前仅能按时间进行顺序排列）。此外，亚马逊有专门的上架时间栏，也可作为确定其公开时间的依据。

在检索到相关证据时，应当做好证据的固定工作，应包括公开相应技术特征的产品详情页、带有该产品评价时间的评价页、网页主题、完整的网址信息等。根据平台特性，评价页上有时需要显示产品的评价图片。同时还应通过保存电子文档、保存网页、截屏等方式，保存包含网址信息、内容信息、公开时间等的完整页面，在还包括有其他用于证明公开时间等的证据的情况下，应注意保存表明证据之间关联性的信息。

案例 3-7

【案情简介】

本实用新型专利提供一种结构简单、组合方便的收纳装置（参见图 3-16），特别涉及一种夹缝嵌入式收纳架，其可以充分利用室内小的空间，提高室内狭小区域利用率，有利于小物品的摆放，而且使用方便，移动搬运方便，外形美观。

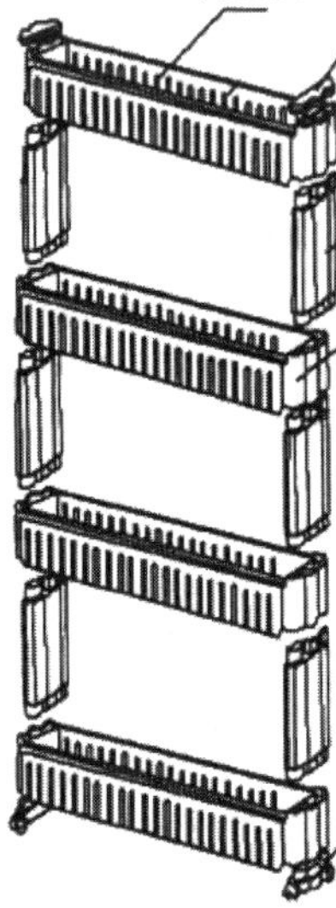

图 3-16　本实用新型专利的收纳架结构图

【权利要求】

一种夹缝嵌入式收纳架，包括若干层层板，其特征在于：所述的层板中间设有储物槽，层板的两端上下两面都设有凹槽，上下层板之间设有连接板，连接板的上下两端设有与凹槽匹配的卡口，最上层的层板上设有装饰板，最下层层板的下端设有支脚，支脚下端连有滚轮。

【检索过程分析】

根据产品特点进行属性分解：收纳架属于典型的生活领域产品；现有的收纳架也多采用这种插接式结构，本实用新型专利只是在现有收纳架的基础上对收纳架进行尺寸的缩减以适应狭小空间的需要，因此属于一般性改进；上述改进属于一般知识，比较容易被一般群体所感知；权利要求保护了卡口、凹槽等插装结构，具有组装拆解的演示需求。

在属性分解的基础上，对产品属性进行聚合，聚合后的结果为：生活领域、一般性改进、一般群体感知、一般知识、演示性，发现其符合电商检索平台的特点，因此进行电商检索。

考虑到日本的住宅面积狭小，其产品设计通常会考虑空间问题，根据产品的受众目的地或可能销售地，优先选择电商平台中的日本亚马逊。在关键词的选取上，从主题出发选择如收纳、置物、搁物等关键词，从产品用途、效果的宣传用语出发选择如夹缝、细缝、间隙、缝隙等关键词。最终在日本亚马逊上检索到一个与本实用新型专利结构相同的夹缝嵌入式收纳架（参见图 3-17），根据产品详情、产品的上架时间可得知该证据可以评价本实用新型专利上述权利要求的新颖性。

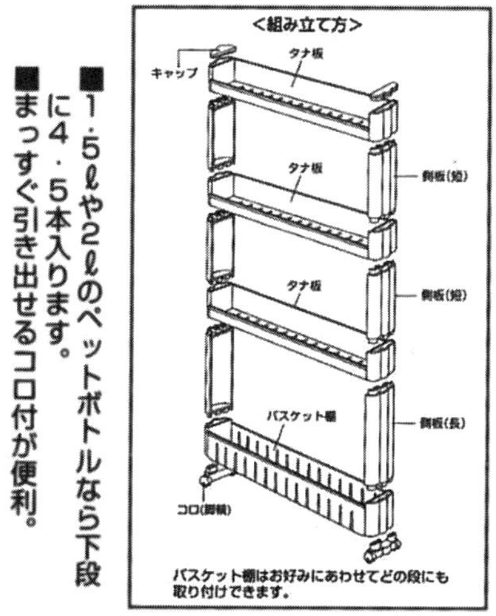

图 3-17　对比文件的产品图

2. 视频检索

1）视频平台及其证据特点

视频平台上的视频以直观展示产品为目的，展示的多为生活领域的产品，内容多为产品使用、变化、组装、拆解等状态的动态展示，对产品的技术细节展示更加充分。由于有些视频在产品开始批量生产和销售之前就已经对产品进行宣传，因此视频平台的公开时间可能略早于电商平台的公开时间。

2）适合视频平台检索的产品的属性特点

基于视频平台的特点，适合视频检索的产品更突出体现为生活领域以及演示性的属性特点，而对创意性、感知性、专业性并无特殊要求（参见图 3-18）。演示性包括但不限于设计巧妙的创意产品的功能演示，或者结构比较复杂的产品的功能演示，或者具有多种变化状态的产品的功能演示，或者具有多种使用状态的产品的功能演示以及产品的组装或者拆解的演示。

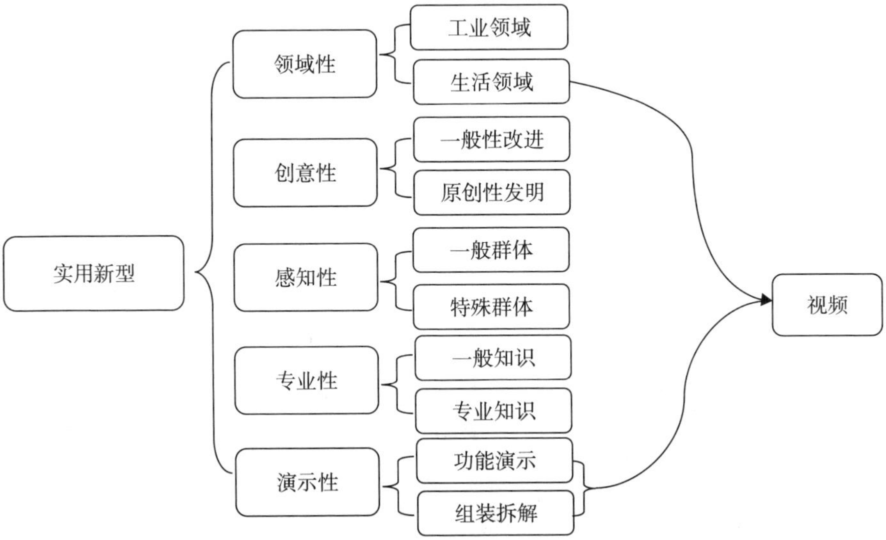

图 3-18　适合视频检索的产品的属性特点

3）视频证据的检索和使用技巧

（1）检索平台的选取

视频平台中的大型平台相对集中，检索可在几个大型平台如腾讯、优酷、爱奇艺、抖音等中进行，并且各平台检索界面友好，在搜索框上输入关键词即可快速检索；也可以通过百度等搜索引擎进行聚合检索，搜索引擎通常都具有专门的视频搜索页面。

对于视频证据的真实性和有效性，应综合考虑视频网站信息的形成、存储、收集和信息完整性等方面，尽量选取腾讯、优酷、爱奇艺、抖音等大型平台的视频证据，其具有合法发布互联网信息的资质，作为第三方网站与当事人往往不存在利害关系，对于普通公众来说，修改这些网站信息的技术难度仍然比较大，因此其发布信息的真实性和有效性是有保障的。

（2）检索关键词的选取

和电商类似，视频的标题中多涉及产品的用途、效果的宣传用语，因此可以通过这个角度选取和扩展相应的关键词；如果通过其他检索平台获取高度相似或者相同的产品，以其品牌、型号作为关键词在视频平台进行检索往往可以取得事半功倍的效果。

（3）视频证据的公开时间和证据固定

对于视频证据的公开时间，应根据视频网站的视频发布规则和修改规则确定视频是否确系在发布时间上传，继而确认发布日上传的视频是否自其发布时间起未被修改或编辑过，并由此确认视频的公开时间。通常，网页中视频下方会明确显示发布时间，在无其他证据表明该网页内容发布时处于非公众可访问的状态前提下，其发布时间即为相关文件可以正常浏览的时间，该发布时间一般由服务器自动生成，如果视频证据来源于可信度比较高的网站，更改其发布信息的时间会在该网络证据上有明显记录，在没有证据表明该网站与当事人存在利害关系的情况下，该网站应该属于第三方网站，则在无相反证据证明该视频内容及上传时间可随意更改的情况下，该网站也不存在修改或替换其发布视频的人为故意，对该时间的真实性可以确认。

在检索到相关证据时，应当做好证据的固定工作，应包括公开相应技术特征的视频关键帧、带有该视频发布时间的页面、视频主题、完整的网址信息等。同时还应通过保存电子文档、保存网页、截屏等方式，保存包含网址信息、内容信息、公开时间等的完整页面，在还包括有其他用于证明公开时间等的证据的情况下，应注意保存表明证据之间关联性的信息。

案例3-8

【案情简介】

本实用新型专利提供一种多功能晾衣架和多功能晾衣装置（参见图3-19），其改进在于在原有的双杆晾衣架的基础上在其中一个晾衣杆上又设置了一个第二晾衣杆，平时可以将第二晾衣杆收起作为双杆晾衣架对衣服进行晾晒，在需要晾晒被褥时，可以将第二晾衣杆放下来悬挂被褥。

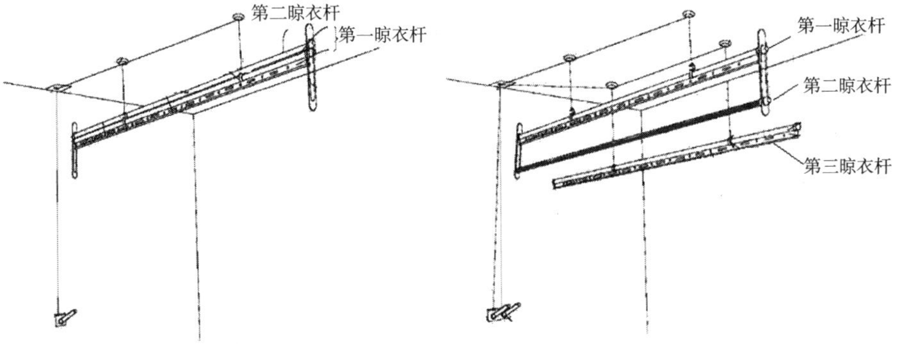

图3-19 晾衣杆结构图

【权利要求】

一种多功能晾衣架，吊装于屋顶，其特征在于，包括第一晾衣杆、第二晾衣杆、两个第一容置件、两个第一连接端子、两个第一支架、第一连接线和第一收线器；两个所述第一支架分别固定在所述屋顶上；两个所述第一容置件包括相对设置的第一夹持部和第一容置部；所述第一晾衣杆与两个所述第一夹持部连接，所述第一连接线的两端分别穿过两个所述第一支架，并与两个所述第一容置部连接，且所述第一连接线与所述第一收线器连接；所述第一收线器可牵引所述第一连接线，以使所述第一晾衣杆上升或下降；所述第一晾衣杆的一端和所述第二晾衣杆的一端分别与其中一个所述第一连接端子的两端活动连接，所述第一晾衣杆的另一端和所述第二晾衣杆的另一端分别与另一个所述第一连接端子的两端活动连接；所述第二晾衣杆可容置于两个所述第一容置部上；所述第一晾衣杆上间隔设置有多个第一衣架通孔。

【检索过程分析】

根据产品特点进行属性分解：晾衣架属于典型的生活领域产品；本实用新型专利只是在现有的双杆晾衣架的基础上又增加一根晾衣杆，属于一般性改进；而且这种改进属于一般知识，容易被一般群体感知；本产品可以变换第二晾衣杆的位置，从而具有多个使用状态，因此具有一定的演示性的需求。

在属性分解的基础上，对其进行属性聚合：生活领域、一般性改进、一般群体感知、一般知识、演示性，通过聚合后的结果发现其符合电商、视频的检索平台的属性特点，其中电商的数据最全，通常从电商开始检索。

在关键词的选取上，首先要包括主题关键词，如晾衣架；其次电商的页面中多涉及产品的用途、效果的宣传用语，因此可以通过这个角度选取相应的关键词，如被子、被褥；最后，本实用新型专利的改进在于其在原有的双杆晾衣架的基础上在其中一个晾衣杆上又设置了一个第二晾衣杆，可以以此概括出体现发明构思的结构关键词“三杆”。

在天猫、京东、亚马逊上分别进行检索：在天猫上可以检索到类似的产品，但公开时间不能用；考虑到市场上同类产品较多，故在京东上进一步检索，很快检索到类似的产品，其公开了上述权利要求的部分技术特征，而且通过产品的评价时间可以确定其公开时间早于本实用新型专利的申请日（参见图 3-20）。

图 3-20　电商检索的对比文件产品图及公开日期

进一步检索视频，可以直接在视频平台中进行检索，也可以在搜索引擎中进行检索。例如，在搜索引擎的视频搜索页面中，采用“晾衣架三杆”进行检索，检索到优酷网上公开了一个三杆晾衣架的安装视频（参见图 3-21），发布时间早于本实用新型专利的申请日，可以据此评价上述权利要求的新颖性。

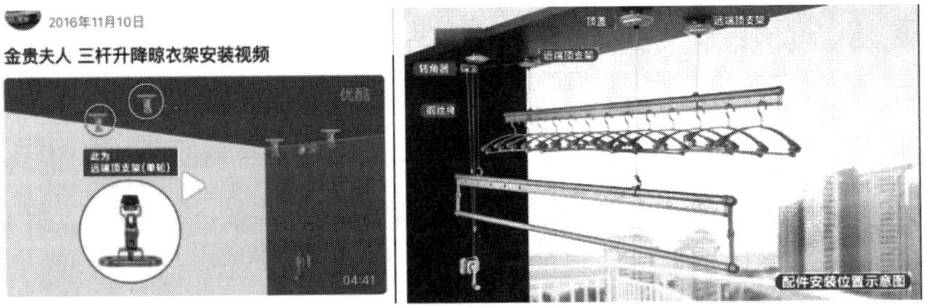

图 3-21　视频检索的对比文件视频关键帧及公开时间

3. 众筹检索

1）众筹平台及其证据特点

众筹模式下，众筹发起人为了获得资金支持，必须对技术细节尤其是关键技术进行充分的展示，展示可能涉及产品的结构、材质、工作原理、使用方法，甚至是零部件图纸、加工或装配方法。因此，其公开的内容相较于电商平台更加充分；并且其公开产生于批量制造和终端销售之前，因此明显早于电商平台的公开时间。

2）适合众筹检索的产品的属性特点

基于众筹平台的特点（参见图 3-22），第一，适合众筹的产品主要集中在生活领域中，通常是和日常生活息息相关的产品，有需求才能有众筹成功的可能；第二，原创性是众筹成功的关键，其发明构思应在现有技术中从未被揭示才更能激发受众的尝试热情；第三，众筹产品的受众通常面向一般群体，基于产品介绍，能够被受众快速理解，与产品产生共鸣，即适合众筹的产品其创意性一般容易被一般群体感知；第四，适合众筹的产品结构应相对简单，受众无须具备特殊的专业知识，因此通常仅涉及一般知识；第五，为了增强产品吸引力，众筹发起人通常会采用图片、视频等直观、易于理解的展示手段向受众展示项目，使受众能够充分感受到产品的原创性，了解其技术效果、应用价值等，从而说服受众去购买，因此一般也具有演示性的需求。总而言之，适合众筹检索的产品更突出体现为生活领域、原创发明、一般群体感知、一般知识和演示性（参见图 3-22）。

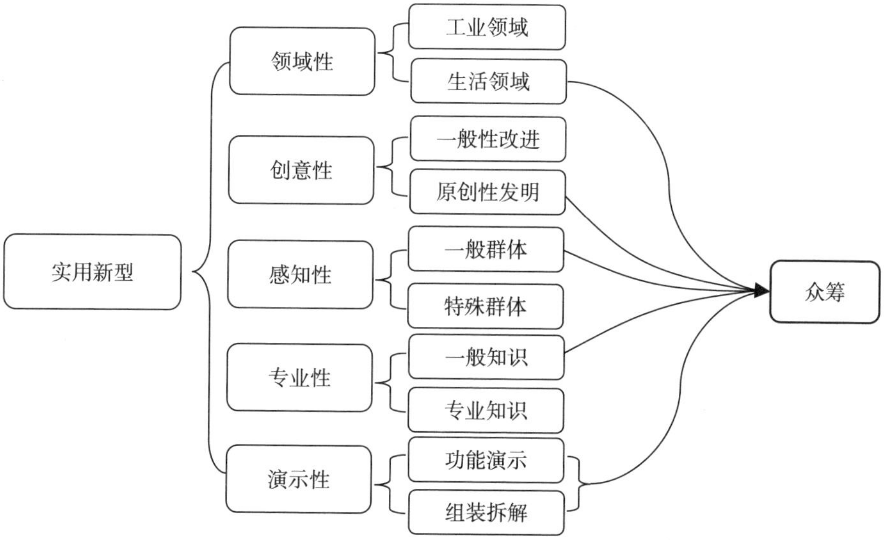

图 3-22　适合众筹检索的产品的属性特点

3）众筹证据的检索和使用技巧

（1）检索平台的选取

在全球众多众筹平台中，国外最具代表性的是美国的KickStarter，国内则是造点新货（原淘宝众筹）。在选取众筹平台时，为了保证发布信息的真实性和有效性，尽量选取具有一定公信力的众筹平台进行检索，并可以根据产品品牌、产地、销售地等因素选择相应的国内或国外的众筹平台。

国外众筹以KickStarter为例，可直接登录网站www.kickstarter.com，在其Design（设计）或Technology（技术）子目录里面搜索相关产品。国内众筹以造点新货为例，可直接登录网站https://izhongchou.taobao.com/，在搜索框中直接搜索相关产品。

（2）检索关键词的选取

众筹的产品页面中多涉及产品的用途、效果的宣传用语而且商家也主要从该角度扩展用语，因此可以通过该角度选取相应的关键词；如果通过其他平台检索到高度相似或者相同的产品，则以其品牌、型号作为关键词在众筹平台进行检索往往可以取得事半功倍的效果。

（3）众筹证据的公开时间和证据固定

众筹的时间节点明确，众筹项目必须在预设的时间内达到或超过目标金额才算成功。从这个角度上说，国内外的众筹平台的模式基本类似，发起人会在这段时间内持续更新项目进展，公众也可以发表评论，所有的操作都有时间记录，可以以此作为确定最早公开时间的参考。以KickStarter为例，Updates（更新）、Comments（评论）以及ESTIMATED DELIVERRY（截止时间）节点下都具有时间信息。

在检索到相关证据时，应当做好证据的固定工作，应包括公开相应技术特征的产品详情页、证明该产品公开时间的页面、完整的网址信息等。同时还应通过保存电子文档、保存网页、截屏等方式，保存包含网址信息、内容信息、公开时间等的完整页面，在还包括有其他用于证明公开时间等的证据的情况下，应注意保存表明证据之间关联性的信息。

案例3-9

【案情简介】

本实用新型专利涉及一种桌面支架（参见图3-23），申请日为2012年11月6日，采用磁性连接方式，最大限度地扩展了转动盘的旋转方向；可根据平板电脑和手机的大小选择不同大小的转动盘，方便实用，结构简单，能够实现全方位的转动。

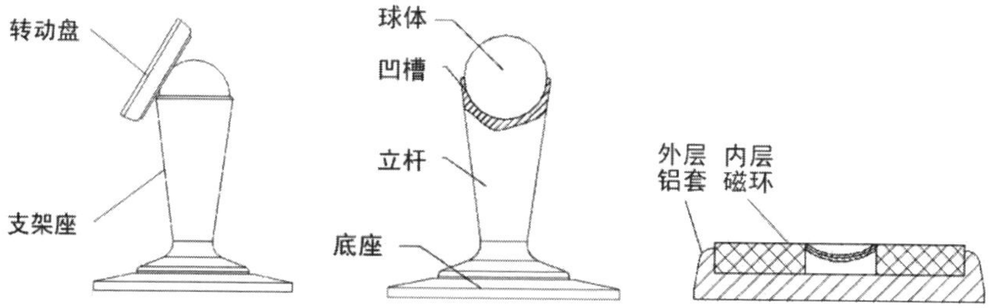

图3-23 本实用新型专利的桌面支架结构图

【权利要求】

一种桌面支架，包括支架座，其特征在于：所述支架座连接有转动盘，所述支架座包括底座，底座上设有立杆，立杆的顶端设有凹槽，凹槽内设有球体；所述转动盘包括外层套，外层套内设有内层磁环，内层磁环中空处的直径小于所述球体的直径，内层磁环与所述球体磁性连接。

【检索过程分析】

在专利数据库中进行检索，获得一件美国专利（参见图3-24），其技术方案与本案极为相似，但公开日期晚于本专利的申请日而无法作为现有技术，该美国专利的申请人“BLACKGLASS LLC”“NITE IZE

INC”。接着进行非专利检索，基于其生活领域的产品特点选择互联网平台检索。

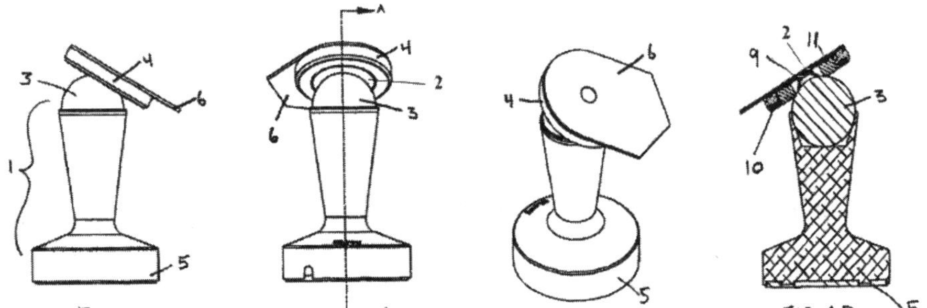

图 3-24　美国专利文献的桌面支架结构图

根据产品特点进行属性分解：手机支架属于生活领域的产品；本实用新型专利是2012年申请的，智能手机平板刚开始大规模普及，其通过磁铁可以实现手机的固定和角度调节，以当时的技术水平来看，其设计比较巧妙，具有一定的原创性；该产品结构简单，发明构思采用磁性吸附原理这一生活常识，属于一般知识；一般群体基于产品图片或简单文字介绍就能了解本产品，属于一般群体感知；该产品可以调节手机的支撑角度，因此具有多个使用状态，具有演示的需要。

在属性分解的基础上，对其进行属性聚合：生活领域、原创性、一般群体感知、一般知识、演示性，通过聚合后的结果发现其符合电商、视频、众筹的检索平台的属性特点，并且其更加契合众筹平台检索的属性特点。

根据专利检索中获得的美国申请人，通过查询其公司的产品官网，发现该品牌下名为“STEELIE”（斯蒂莱）的系列支架与本专利技术方案高度相似，但其公开时间不好确定，无法作为现有技术使用。

在众筹平台进行检索，鉴于最接近的检索结果的制造商是美国厂商，首先检索国外众筹网站KickStarter，选用“STEELIE”为关键词，检索到一个于2012年4~6月针对“STEELIE”支架发起的众筹项目（参见图3-25）。该项目采用视频和图片公开了该产品的技术细节、制造方法以及使用方法，同时网页上存在多条具有明确时间信息的更新记录，其可以评述上述权利要求的新颖性。

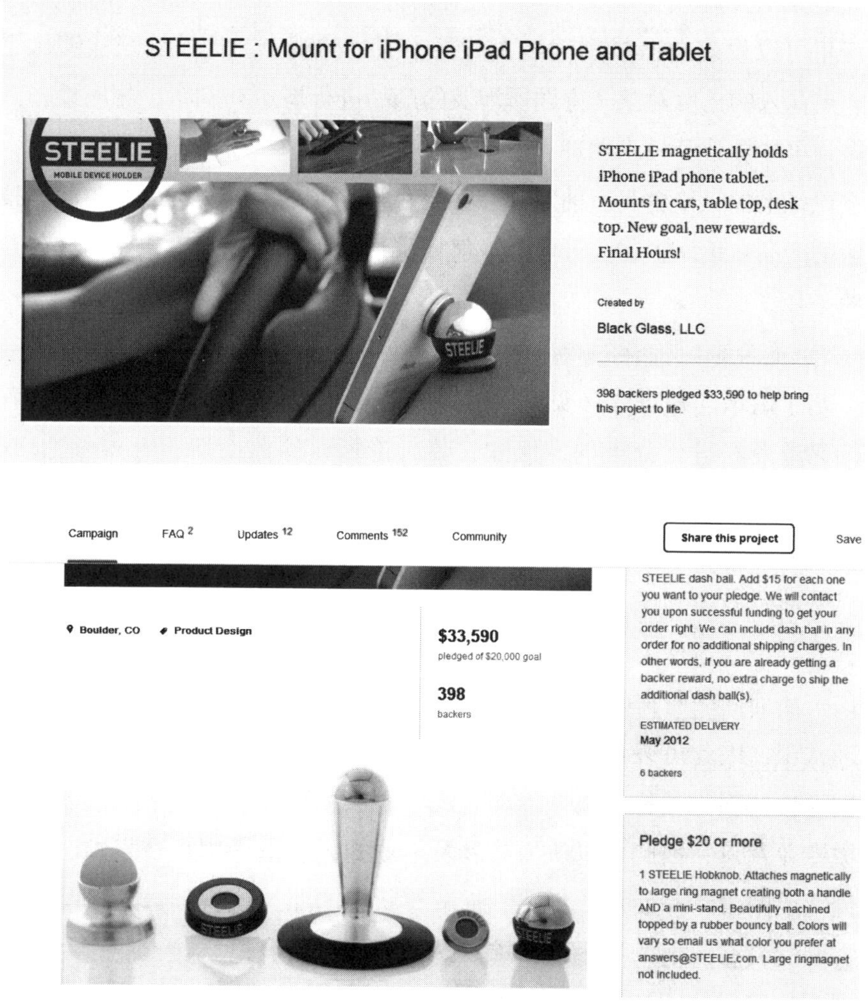

图3-25 KickStarter“STEELIE”支架项目产品图及公开时间

4. 论坛检索

1）论坛及其证据特点

论坛以内容主题进行分类，几乎涵盖了我们生活的各个方面。论坛是一些对某个主题或技术具有兴趣或者研究的人聚集在一起形成的，用户在论坛里可以发表自己或阅读他人就某个主题的观点，因此论坛能够从更专业、更深入的角度对某个主题所涉及的产品进行展示和剖析，相应地，论坛更多地可能会公开技术原理、结构细节等。对于一些新兴或概念性技术，往往在论坛上的讨论更具有前瞻性，甚至有初步的成果展示，因此，此类技术对应的产品在论坛上的公开时间显然要早于生产或批量销售才能构成公开的电商平台。

2）适合论坛检索的产品的属性特点

基于论坛的特点（参见图3-26），论坛是根据产品的技术领域或者用户的兴趣爱好进行分类的，比如，骑行论坛、养鱼论坛、机器人论坛等，因此相对于众筹的一般群体感知，适合论坛检索的产品其创意性一般易被特殊群体感知。论坛可能涉及一般知识或专业知识，比如，工业领域的产品显然涉及专业知识，生活领域中的产品则需要具体判断，如一种骑行头盔，其创意性体现为利用磁铁吸附原理实现护目镜与骑行头盔的连接，虽然该产品面向骑行群体这一特殊群体，但磁铁的磁性吸附原理属于基本的物理常识，因此可以认为其涉及一般知识；又如一种生活服务类机器人，其创意性体现为独特的机械传动方式，而该传动方式的理解依赖于一定的机械专业背景，因此可以认为其涉及专业知识。论坛用户在发帖时会根据讨论需要附带产品使用、组装、拆解等状态的照片或视频以对产品进行展示，因此具有一定的演示性需求。总而言之，适合论坛检索的产品更突出体现为特殊群体感知以及演示性。

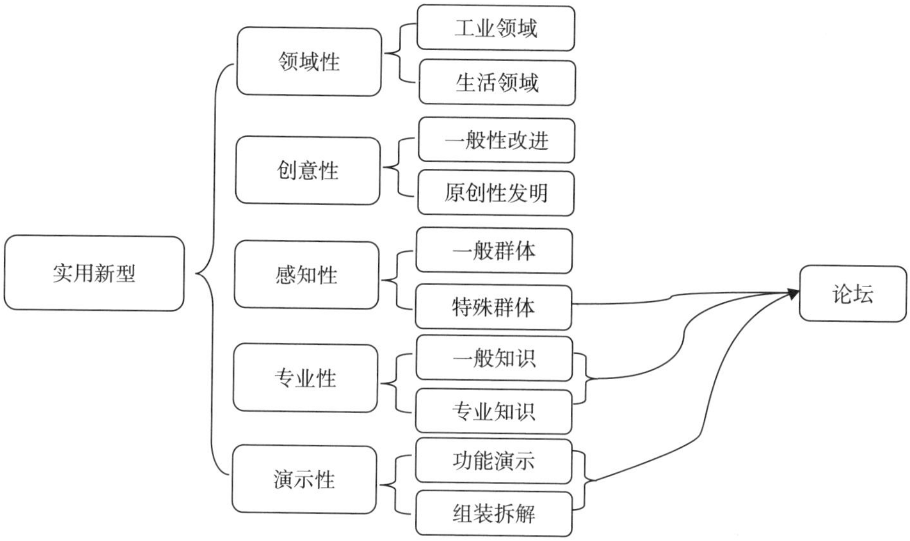

图 3-26 适合论坛检索的产品的属性特点

3）论坛证据的检索和使用技巧

（1）检索平台的选取

因为与产品对应的论坛有很多，通常不容易快速掌握产品对应领域的权威论坛，也不可能掌握产品对应领域的所有论坛，基于此通常采用搜索引擎检索论坛。在利用搜索引擎针对论坛进行检索时，可以采用 URL 检索（URL，全称 Uniform Resource Locator，中文为“统一资源定位器”）。大多数论坛的 URL 都至少包括下面 3 个单词之一，即 bbs、forum 和 club，所以可以在检索时利用 inurl 语法对检索进行限定。例如，在搜索引擎中输入检索的关键词加后缀 inurl：bbs 或者 inurl：forum 或者 inurl：club，以过滤检索结果中除论坛以外的检索噪声。如图 3-27 所示。

对于论坛证据真实性也是在选择论坛检索平台时需要考虑的，通常从证据来源、网站的资质、与当事人的利害关系来考虑。对于证据来源，通过具有较高可靠性的搜索引擎如百度等搜索到的内容或通过搜索引擎快照得到的内容，通常被认为具有较为可靠的来源；对于网站的资质，通常将资质较高、管理规范的网站认为是可信网站；对于网站与当事人的利害关系，除了考量网站与当事人的利害关系，还应考量发帖者与当事人的利害关系。

图 3-27　论坛检索示意

（2）检索关键词的选取

论坛的页面中更多涉及产品的技术信息，如结构、传动方式等，因此可以从技术角度选取相应的关键词；如果通过其他平台检索到高度相似或者相同的产品，以其品牌、型号作为关键词在论坛上进行检索往往可以取得事半功倍的效果。

（3）论坛证据的公开时间和证据固定

对于论坛证据的公开时间，应根据论坛的发布规则和修改规则确定帖子是否确系在发布时间上传，继而确认发布日发布的帖子是否自其发布时间起被修改或编辑过，并由此确认帖子的公开时间。一般来说，论坛上的帖子一旦发出，即处于能够为公众获得的状态，发帖会记录发帖的时间，编辑会记录编辑的时间，而网站对帖子的编辑和修改的审核时间一般很短。因此，帖子的发帖时间或编辑时间可以作为确定最早公开时间的参考。

在检索到相关证据时，应当做好证据的固定工作，应包括公开相应技术特征的论坛页面、证明其公开时间的页面、完整的网址信息等。同时还应通过保存电子文档、保存网页、截屏等方式，保存包含网址信息、内容信息、公开时间等的完整页面，在还包括有其他用于证明公开时间等的证据的情况下，应注意保存表明证据之间关联性的信息。

案例 3-10

【案情简介】

本实用新型专利涉及智能机器人设备领域，特别是涉及一种高精度智能写字机器人（参见图 3-28），其采用十字形的整体结构和同步带的传动方式实现笔架模组的运动，可以代替人进行书写或画画，具有结构紧凑、性能可靠、动作灵敏、运动位移精度高、寿命长等优点，适用于重复性较高的工作场合。

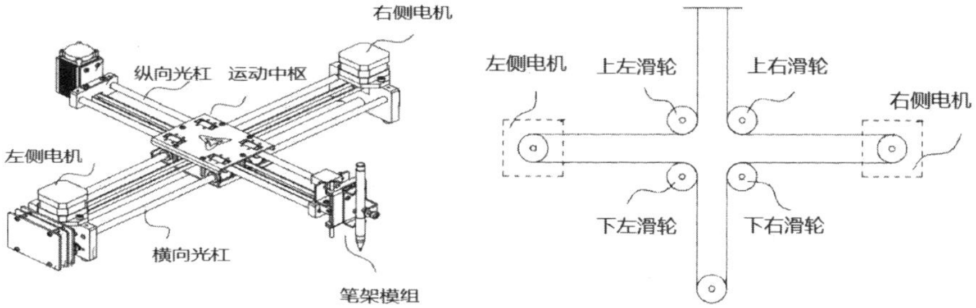

图 3-28　本实用新型专利十字形书写机器人结构图与传动示意图

【权利要求】

一种十字形书写绘图机器人，包括左侧底座和右侧底座，在左侧底座和右侧底座之间安装有横向光杆，在横向光杆上活动安装有运动中枢，所述的运动中枢上安装有与横向光杆垂直的纵向光杆，在纵向光杆的端部安装有笔架模组和/或激光模组，其特征在于所述的左侧底座和右侧底座上分别安装有左侧电机和右侧电机，在左侧电机和右侧电机上分别安装有左驱动轮和右驱动轮；所述的运动中枢内设置有 4 个滑轮，分别为上左滑轮、上右滑轮、下左滑轮、下右滑轮；所述纵向光杆的一端设置有固定装置，另一端设置有端部滑轮，一条同步带依次穿过上右滑轮、右驱动轮、下右滑轮、端部滑轮、下左滑轮、左驱动轮以及上左滑轮后与固定装置固定；左侧电机和右侧电机同向旋转时，笔架模组、运动中枢及纵向光杆在横向光杆上作 *X* 轴运动，左侧电机和右侧电机反向旋转时，笔架模组和纵向光杆相对运动中枢作 *Y* 轴运动。

【检索过程分析】

在专利库中通过充分检索并未检索到合适的对比文件，于是进入非专利检索，选择互联网平台进行检索。根据产品特点进行属性分解：书写绘图机器人属于服务机器人的一种，也属于生活领域的产品；该产品属于科技类创意产品，其传动机构的布置方式新颖，具有一定的原创性；书写机器人的受众比较窄，属于特殊群体感知；其采用同步带的方式驱动，了解其工作原理和工作过程，需要具有相应的专业知识，因此具有一定专业性；该产品具有多种变化状态，仅根据本专利中的文字描述很难想象出其工作过程，因此具有演示性需求。

在属性分解的基础上，对其进行属性聚合：生活领域、原创性、特殊群体感知、专业知识、演示性，通过聚合后的结果发现其符合电商、视频、论坛检索平台的属性特点，并且其更加契合论坛检索的属性特点。

通过搜索引擎对论坛进行初步检索，以主题名称“书写机器人”作为关键词进行检索发现一款名为 AXIDRAW 的书写机器人与本专利中的机器人的外形高度相似；本专利发明构思的核心在于其传动方式，由此概括出体现本专利发明构思的结构关键词“传动”，在检索式中进一步增加上述关键词进行降噪：“AXIDRAW 传动 inurl：bbs”，在 5iMX（我爱模型）论坛上检索到一个关于 AXIDRAW 书写机器人的讨论贴，讨论帖的 1 楼（如图 3-29 左图所示），公开了上述权利要求的几乎所有的外部结构特征，讨论帖的 9 楼（如图 3-29 右图所示）公开了其传动原理，讨论帖的 1 楼和 9

楼的发帖时间和发帖人不同，两者均针对 AXIDRAW 书写机器人。因此，论坛的该讨论帖足以评价该权利要求的创造性。

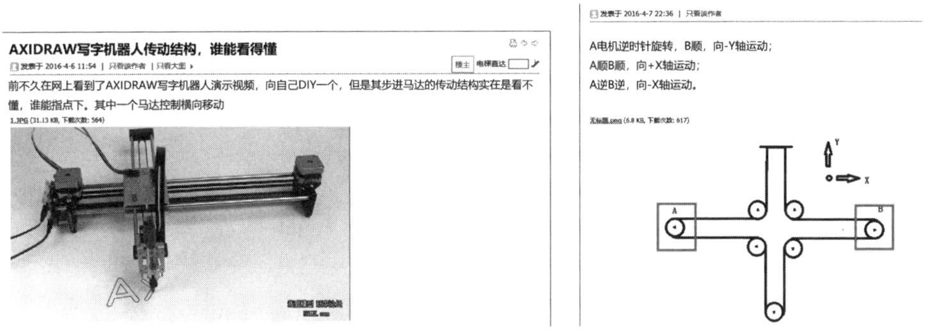

图 3-29 论坛检索的讨论帖

第五节 对比文件及其类型

现有技术公开的方式可以分为出版物公开、使用公开和以其他方式公开。在进行专利权评价的检索中，由于检索资源等原因，通常检索到的是出版物公开的现有技术，难以检索到使用公开和以其他方式公开的现有技术。对比文件能否采用的关键在于公开日期是否能够确定，对于专利文献和期刊中的文件能够容易确定，而对于在互联网检索到的网页等，只有在能够明确认定其真实性和公开日期的前提下才能采用。

通过检索获得与待评价实用新型主题相关的现有技术以及相关的文件，其文件类型基本与《专利审查指南》（2010）第二部分第七章第 12 节的规定相同，但存在一些不同之处，具体说明如下：

X 类文件，是指单独影响权利要求的新颖性或创造性的文件，其只能是现有技术文件。

Y 类文件：是指与检索报告中其他 Y 类文件组合后影响权利要求的创造性的文件，其只能是现有技术文件。

R 类文件：是指在实用新型专利的申请日向国家知识产权局提交的、属于同样的发明创造的专利文件，其只能是在进行实用新型专利权评价时已授权的中国专利文件（可以是实用新型专利，也可以是发明专利）。而未授权的专利申请在评价中不作为 R 类文件。

A 类文件：是指背景技术文件，即反映权利要求的部分技术特征或者有关的现有技术文件。

E 类文件，是指在实用新型申请日的当天或之后公布的在先的抵触申请或专利文件。其中，E 类文件是任何单位或个人（包括专利权人本人）提出的抵触申请或专利文件。

此外，对于检索到的中间文件，即其公开日在实用新型专利的申请日与所要求的优先权日之间的文件，或者会导致需要核实待评价实用新型优先权的文件（即 P 类文件），在检索过程中，可以先标记为 P 类文件。但在撰写评价报告时，应当核实实用新型专利的优先权，根据其是否成立来确定该 P 类文件能否构成影响实用新型的新颖性或创造性的文件，如果能，则正式确定为 X 类、Y 类或者 E 类文件，否则应当舍去该 P 类文件，即评价报告的表格不应填写 P 类文件。

在实际操作中，为了提供与实用新型主题相关的现有技术文件，即使在没有检索到 X 类、Y 类等文件的情况下，也应当找出数篇最相关的 A 类文件。

第四章　专利权的评价

评价报告是就某实用新型专利是否符合《专利法》及其实施细则规定的授权条件进行分析和评价。评价所涉及的内容包括：实用新型是否属于《专利法》第五条或者第二十五条规定的不授予专利权的情形；实用新型是否属于《专利法》第二条第三款规定的客体；实用新型是否具备《专利法》第二十二条第四款规定的实用性；实用新型专利的说明书是否按照《专利法》第二十六条第三款的要求充分公开了专利保护的主题；实用新型是否具备《专利法》第二十二条第二款、第三款规定的新颖性和创造性；实用新型是否符合《专利法》第二十六条第四款的规定；实用新型是否符合《专利法》第九条的规定；实用新型专利文件的修改是否符合《专利法》第三十三条的规定；以及分案的实用新型专利是否超出了原申请记载的范围；实用新型的独立权利要求是否从整体上反映了实用新型的技术方案，是否记载了解决技术问题的必要技术特征。

评价报告的作出过程，是对已授权的实用新型专利是否满足授权条件作出的全面评价。评价报告应体现出该专利不符合上述条款的具体理由和/或该专利的权利要求具有新颖性、创造性的理由。

一份全面准确的评价报告，本质上应当能够作为确定已授权的权利要求限定的范围是否合适的理由和证据。

第一节　不授予专利权的主题

一、实用新型定义的评价

《专利法》第二条第三款对可以获得专利保护的实用新型的一般性定义给出了规定：实用新型，是指对产品的形状、构造或者其结合所提出的适于实用的新的技术方案。

《专利审查指南》（2010）第五部分第十章第3.2节规定：实用新型是否属于《专利法》第二条第三款规定的客体，其评价标准适用本指南第一部分第二章第6节的规定。

《专利审查指南》（2010）第一部分第二章第6节规定：实用新型专利只保护产品；产品应当是经过产业方法制造的，有确定形状、构造且占据一定空间的实体。实用新型应当是针对产品的形状和/或构造提出的改进。无确定形状、对材料或者方法本身提出改进以及对产品表面图案和/或色彩提出改进的产品均不属于实用新型专利保护的客体。

如果存在权利要求不符合《专利法》第二条第三款规定的情况，则在实用新型专利权评价报告中应当指出上述缺陷并给出具体理由。

（一）实用新型只保护产品

实用新型专利不保护方法，一切方法以及未经人工制造的自然存在的物品不属于实用新型专利保护的客体。上述方法包括产品的制造方法、使用方法、通信方法、处理方法、计算机程序以及将产品用于特定用途等。

应当注意的是：权利要求中可以使用已知方法的名称限定产品的形状、构造，但不得包含方法的步骤、工艺条件等。如果权利要求中既包含形状、构造特征，又包含对方法本身提出的改进，则不属于实用新型专利保护的客体。

对于涉及计算机程序的实用新型专利，由于采用计算机程序解决技术问题的实现方式属于对方法本身的改进，因此如果权利要求中包含了对计算机程序本身的改进，即该权利要求中包含对方法本身提出的改进，则不属于实用新型专利的保护客体。

如果权利要求中既包含了硬件的改进，又包含了计算机程序，则审查员应从所属技术领域技术人员的角度分析判断，如果权利要求中对现有技术的改进在于硬件部分，同时所涉及的计算机程序属于为了配合硬件的改进，所属技术领域技术人员利用现有的计算机程序开发平台和熟知的编程方法可以容易实现其功能的简单程序，或者属于已知计算机程序（包括现有协议、标准等）及其常规的、适应性的应用，例如，参数调整、移植变换等，则该权利要求不涉及对计算机程序本身提出的改进，属于实用新型专利保护的客体；如果权利要求中既包含了对硬件部分的改进，又包含了对计算机程序本身的改进，则该权利要求包含对方法本身的改进，不属于实用新型保护的客体。

案例 4-1

【案情简介】

本实用新型专利保护一种人脸识别智能门锁。说明书记载，现有的门锁如果忘带钥匙则无法开门，该申请通过将人脸投射在镜面上的影像与人脸图像采集模块采集到的人脸图像进行匹配比较，并且当外界光强低于设定的阈值时，处理器控制 LED 照明灯打开，进而提供一种可在夜晚或昏暗环境下进行人脸识别的智能门锁。

【权利要求】

一种人脸识别智能门锁，包括：处理器模块、镜面、感光器件和 LED

照明灯，所述处理器模块进一步包括人脸采集模块和人脸识别模块，人脸采集模块和人脸识别模块相连，所述感光器件和所述LED照明灯分别与所述人脸识别模块连接，所述人脸识别智能门锁安装于门外侧的锁体的外表面。

【案例分析】

该案例中，为解决不用钥匙也能开锁的问题，采用了可以进行人脸识别的采集模块及处理器，以及镜面、感光器件、LED灯等硬件设备，从而使用人脸匹配自动开锁，代替钥匙机械开锁；其中，虽然所述“人脸识别模块”包含人脸识别的计算机程序，但人脸识别技术已经属于现有技术，将人脸识别技术的已知程序应用于门锁并不需要对该程序本身作出改进，并且当外界光强低于设定的阈值时，处理器控制LED照明灯打开，也属于利用现有的计算机程序开发平台和熟知的编程方法很容易实现的简单程序，因此该专利对现有技术的改进在于人脸识别处理器、感光器件、LED灯等硬件设备的添加，其中涉及的人脸识别及控制开灯的计算机程序属于现有技术及已知程序，其技术方案整体上属于实用新型保护的客体。

案例4-2

【案情简介】

本实用新型专利主要解决如何利用较小储能量的超导储能系统来解决中大型并网风电场的功率波动可能带来的电能质量问题，主要解决如何利用较小储能量的超导实现抑制系统功率波动以及电网电压波动的技术问题。说明书中明确记载，相较于现有技术本专利增加了超导线圈，同时本专利的工作方法为：（1）测量模块采集电流及电压信号量；（2）将采样得到的电流和电压信号量A/D转换成数字量；（3）超导储能功率控制模块调用计算子程序输出幅度调制比M和相位角alpha；……（具体算法公式未示出）；上述步骤（3）要通过软件来实现，其软件流程如下：①初始化程序；②对有功功率数字量进行频谱分析，得到 0.01～1Hz 之间的有功功率，根据电压的变化量得到所需补偿的无功功率；③判断超导线圈的过流标志位；④判断超导线圈的过压标志位；⑤判断超导线圈的充磁放磁状态；⑥对输出的功率进行 PI 控制；⑦调用计算幅度调制比和相位角的子程序；⑧调用 CAN 发送子程序。

【权利要求】

一种基于超导储能的风电场功率电压平滑装置，其特征在于它包括测量模块、超导储能功率控制模块和超导线圈；超导线圈包括：超导导体卷绕的第 1 扁平线、在所述第 1 扁平线圈上沿线圈轴向重叠的由超导导体卷绕的第 2 扁平线圈、配置在所述第 1 扁平线圈与所述第 2 扁平线圈之间的冷却板；所述测量模块采集风电场母线上的电压电流信号，将其通过输电线路送入超导储能功率控制模块，在超导储能功率控制模块中调用计算模块输出幅度调制比和相位角，并将处理后的信号输出给超导线圈，控制超导线圈的输出；其中，计算模块包括：①初始化程序；②对有功功率数字量进行频谱分析，得到 0.01～1Hz 之间的有功功率，根据电压的变化量得到所需补偿的无功功率；③判断超导线圈的过流标志位；④判断超导线圈的过压标志位；⑤判断超导线圈的充磁放磁状态；⑥对输出的功率进行 PI 控制；⑦调用计算幅度调制比和相位角的子程序；⑧调用 CAN 发送子程序。

【案例分析】

该案例中，根据说明书的记载，本专利相较于现有技术增加了超导线圈及其控制模块，其中“超导储能功率控制模块”中调用的计算模块是本专利专门设计的计算机程序，并在说明书中给出了具体算法公式，通过该计算模块进行的控制方法实现了所述抑制系统功率波动的技术问题，也就是说，该技术方案实质上主要依靠“超导储能功率控制模块”中用于功率控制的计算机程序执行的控制方法，其不属于已知控制方法。那么，该权利要求中既包含了对硬件的改进，增加了超导线圈及其控制模块，同时，对“超导储能功率控制模块”的限定实质上包含了对控制方法改进的特征，因此该权利要求所保护的技术方案实质上包含了对方法本身的改进，不属于实用新型的保护客体。

（二）产品的形状和/或构造

1. 产品的形状

产品的形状是指产品所具有的、可以从外部观察到的确定的空间形状。对产品形状所提出的改进可以是对产品的三维形态所提出的改进，例如对凸轮形状、刀具形状作出的改进；也可以是对产品的二维形态所提出的改进，例如对型材的断面形状的改进。无确定形状的产品，例如气态、液态、粉末状、颗粒状的物质或材料，其形状不能作为实用新型产品的形状特征。

案例4-3

【案情简介】

现有技术中的玻璃幕墙大多都使用门窗型材加拼接料来制作，而采用门窗型材拼接料组装成玻璃幕墙用型材的外观较粗大，而且接缝缝隙处易雨水渗漏，加涂耐候胶密封后可有所改善但提高了生产、安装成本。

本实用新型专利提供一种外观较好、接缝不易漏水、生产和安装成本较低的玻璃幕墙竖梃塑料型材（参见图4-1）。

【权利要求】

一种玻璃幕墙竖梃型材，其特征在于：该型材的横截面类似“士”形，其中间的主支承梃（1）为一矩形的中空管状体，在主支承梃（1）的内部还镶有截面呈“口”形或“U”形的增强型钢（2），在主支承梃的两侧有上横臂（3）和下横臂（5），在横臂的端部还开有密封或压条槽口（4，6）。

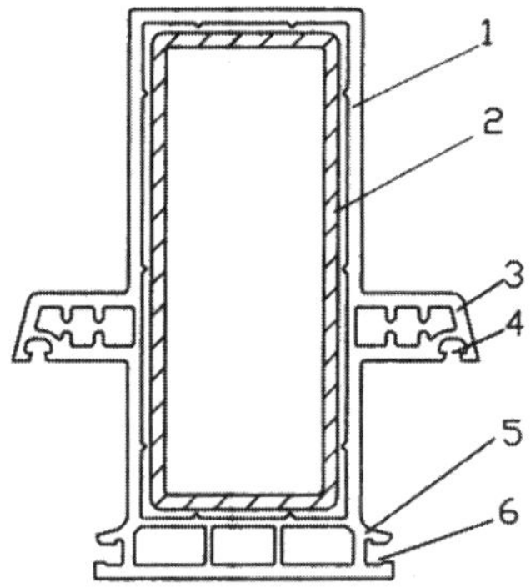

图 4-1　玻璃幕墙竖梃型材横截面示意图

【案例分析】

权利要求中提及“型材的横截面类似‘士’形”，这是对型材的二维面形状提出的改进，这种形状的改进属于实用新型保护的客体。

2. 产品的构造

产品的构造是指产品的各个组成部分的安排、组织和相互关系。产品的构造可以是机械构造，也可以是线路构造。机械构造是指构成产品的零部件的相对位置关系、连接关系和必要的机械配合关系等；线路构造是指构成产品的元器件之间的确定的连接关系。复合层可以认为是产品的构造，产品的渗碳层、氧化层等属于复合层结构。物质的分子结构、组分、金相结构等不属于实用新型专利给予保护的产品的构造。

应当注意的是：

（1）权利要求中可以包含已知材料的名称，即可以将现有技术中的已知材料应用于具有形状、构造的产品上。

（2）如果权利要求中既包含形状、构造特征，又包含对材料本身提出的改进，则不属于实用新型专利保护的客体。

案例4-4

【案情简介】

现有技术中化学强化玻璃无法展现出如热钢化玻璃的应力分布。本实用新型专利涉及一种基于玻璃的制品，其通过离子交换法使得玻璃中不同区域离子浓度的梯度变化，从而导致沿着玻璃厚度呈现独特的应力分布，其展现出改善的耐破裂性，同时薄且重量轻。

【权利要求】

一种基于玻璃的制品，包含：

第一表面和与所述第一表面相对的第二表面，它们限定等于或小于约3毫米的厚度（t）；以及

沿着所述厚度延伸的应力分布，

其中，在从约0t高至0.3t和超过0.7t的厚度范围之间的所有点处的应力分布包括如下切线，其斜率的绝对值大于约0.1MPa/微米，

其中，所述应力分布包括最大CS、DOC和最大CT，其中，最大CT与最大CS的绝对值之比为约0.01至约0.2，以及其中，所述DOC大于或等于约0.1t，以及

其中，所述基于玻璃的制品包括约大于$0J/m^2$至小于$20J/m^2$的存储拉

伸能，以及大于或等于约 70GPa 的杨氏模量。

【案例分析】

实用新型所保护的产品的构造是指产品的各个组成部分的安排、布置和相互关系，不包括物质或者材料的微观结构，例如物质的原子结构、分子结构，材料的组分、金相结构等。本专利涉及一种基于玻璃的制品，针对现有技术中化学强化玻璃无法展现出如热钢化玻璃的应力分布的问题，通过离子交换使玻璃制品沿着其厚度呈现独特的应力分布，从而使玻璃呈现改善的耐破裂性。在上述权利要求中，除了限定玻璃制品的厚度之外，主要对于沿着玻璃厚度的应力分布进行了限定，包括不同厚度范围内的切线斜率，最大 CS 和最大 CT 值及它们之间的比值关系，DOC 的厚度位置，以及存储拉伸能和杨氏模量，其应力分布是由于离子交换法产生的玻璃中不同区域离子浓度的梯度变化所导致的，其反映的也是玻璃中不同区域之间钠离子或钾离子等掺杂离子的浓度变化情况，这种变化只是对于玻璃内部组分、微观结构等差异的表征，并不属于对于玻璃制品宏观上的形状、构造的具体限定。因此，该权利要求不符合《专利法》第二条第三款的规定。

案例 4-5

【案情简介】

现有技术中的包装箱材料不能防水或防水效果不好。本实用新型专利涉及一种包装箱。

【权利要求】

一种多层构造的包装箱，其特征是：……，其中包装箱底层是 WSP 型高分子防水材料。

【案例分析】

对材料本身提出的改进技术方案不属于实用新型专利的保护客体，但是将现有技术中的已知材料应用于具有形状、构造的产品上，不属于对材料本身提出的技术方案。

该案例中，涉及WSP型高分子防水材料，在判断该技术方案是否属于实用新型专利的保护客体时，首先需要站位于所属技术领域的技术人员，来判断上述WSP型高分子防水材料是否为新材料，如果所属技术领域人员能够直接判断其为所属技术领域的常用材料，则该技术方案属于实用新型专利的保护客体。如果不能直接判断是否为常用材料，可以通过阅读专利文件或检索现有技术的方式进行判断，如：

（1）如果专利文件尤其是说明书在背景技术中提及现有技术防水材料的缺点，或者在技术方案部分或具体实施例部分重点提及材料的组成成分、列出试验数据、证明该材料具有更好的效果等，此时一般可以判断该技术方案是涉及对材料本身提出的改进的技术方案，不属于实用新型专利的保护客体。当然，在上述判断的同时也可以对现有技术进行检索，以确定上述材料是否是所属技术领域的常用防水材料。

（2）如果专利文件并未就上述材料进行特别说明，或简单提及采用上述材料会带来好的防水效果，则可以通过检索现有技术来判断，如果现有技术中具有上述材料，并具有同样的防水效果，则可以判断该材料为已知材料，上述权利要求保护的技术方案属于实用新型专利的保护客体，若现有技术中不存在上述材料，则上述技术方案不属于实用新型专利的保护客体。

（三）技术方案

《专利法》第二条第三款所述的技术方案，是指对要解决的技术问题所采取的利用了自然规律的技术手段的集合。技术手段通常是由技术特征来体现的。

未采用技术手段解决技术问题，以获得符合自然规律的技术效果的方案，不属于实用新型专利保护的客体。

产品的形状以及表面的图案、色彩或者其结合的新方案，没有解决技术问题的，不属于实用新型专利保护的客体。产品表面的文字、符号、图表或者其结合的新方案，不属于实用新型专利保护的客体。

案例 4-6

【案情简介】

本实用新型专利涉及一种条形码。说明书记载有：现有食品行业的商品条形码一般都是采用欧洲 EAN-13 标准码［参见图 4-2（A）］，该商品条码的结构是由起始符、左侧数据符、中间分隔符、右侧数据符、校验符、终止符组成，代码的信息包含国家代码、厂商代码、产品代码和校正码，未包含有关商品保质日期等相关信息。本实用新型专利的新型条形码［参见图 4-2（B）］是由多个黑条和空白排列形成的平行线图案，其结构是从左往右依次设有起始符 1、左侧数据区 2、分隔符 3、右侧数据区 4、检验符 5、中间分隔区 6、时间数据区 7 和终止符 8，所述时间数据区 7 用于记载商品的保质期限截止日期，代码信息不仅包括商品的国家代码、厂商代码、产品代码和校正码，还包括单个商品的保质期限截止日期，从技术层面控制超保质期的商品售卖。该实用新型专利相对于现有技术中的条形码的改进之处在于加入了时间数据区。

【权利要求】

一种新型条形码，其特征在于，包括条形码，所述条形码从左往右依次设有起始符（1）、左侧数据区（2）、分隔符（3）、右侧数据区（4）、检验符（5）、中间分隔区（6）、时间数据区（7）和终止符（8）。

图4-2（A） 现有EAN-13标准码示意图

图4-2（B） 本实用新型条形码示意图

【案例分析】

实用新型专利所保护的产品，应是具有确定形状和构造的实体，产品的形状是指产品所具有的并可以从外部观察到的确定的空间形状。本专利的新型条形码是由符、数据区、分割区组成，其本质仍为通过将宽度不等的多个黑白相间的条纹按照一定的编码规则排列而成的平行线图案，改进点只是条形码具体排布规则的改变。虽然本专利的条形码相对于现有条形码的改进在于加入了时间数据区，但该部分的改进并不能使所述条形码产生确定的空间形状。因此，本专利的条形码不属于专利法意义上的产品，不属于《专利法》规定的实用新型保护的客体。

二、《专利法》第五条、第二十五条

《专利法》第五条规定：对违反法律、社会公德或者妨害了公共利益的发明创造，不授予专利权。对违反法律、行政法规的规定获取或者利用遗传资源，并依赖该遗传资源完成的发明创造，不授予专利权。

《专利法》第二十五条规定：对下列各项，不授予专利权：

（一）科学发现；

（二）智力活动的规则和方法；

（三）疾病的诊断和治疗方法；

（四）动物和植物品种；

（五）用原子核变换方法获得的物质；

（六）对平面印刷品的图案、色彩或者二者的结合作出的主要起标识作用的设计。

对前款第（四）项所列产品的生产方法，可以依照本法规定授予专利权。

《专利审查指南》（2010）第五部分第十章第3.2节规定：实用新型是否属于《专利法》第五条或第二十五条规定的不授予专利权的情形，其评价标准适用本指南第二部分第一章的规定。

可见，对于实用新型专利是否属于《专利法》第五条、第二十五条规定的不授予专利权的情形，判断标准和对象均与发明实审相同。

第二节　权利要求书和说明书

一、权利要求保护范围的确定

评价报告对实用新型专利权的评价主要是就授权的权利要求和说明书是否符合《专利法》及其实施细则规定的授权条件给出评价意见。在进行检索以及提出有关是否得到说明书的支持、是否具备新颖性、创造性等评价意见时，都需要审查员确定权利要求的保护范围，因此，准确界定权利要求的保护范围是客观作出评价报告的基础。

（一）关于权利要求保护范围的法律规定

1. 我国《专利法》的有关规定

《专利法》第六十四条第一款规定：发明或者实用新型专利权的保护范围以其权利要求的内容为准，说明书及附图可以用于解释权利要求的内容。该规定明确了确定发明和实用新型专利权保护范围的原则。

2. 我国《专利法实施细则》的有关规定

权利要求书应当记载发明或者实用新型的技术特征。

权利要求书有几项权利要求的，应当用阿拉伯数字顺序编号。

权利要求书中使用的科技术语应当与说明书中使用的科技术语一致。

权利要求中的技术特征可以引用说明书附图中相应的标记，该标记应当放在相应的技术特征后并置于括号内，便于理解权利要求。附图标记不得解释为对权利要求的限制。

权利要求书应当有独立权利要求，也可以有从属权利要求。

独立权利要求应当从整体上反映发明或者实用新型的技术方案，记载解决技术问题的必要技术特征。

从属权利要求应当用附加的技术特征，对引用的权利要求作进一步限定。

（二）关于权利要求保护范围的相关司法解释

《最高人民法院关于审理专利授权确权行政案件适用法律若干问题的规定（一）》（2020）第二条规定：人民法院应当以所属技术领域的技术人员在阅读权利要求书、说明书及附图后所理解的通常含义，界定权利要求的用语。权利要求的用语在说明书及附图中有明确定义或者说明的，按照其界定。

依照前款规定不能界定的，可以结合所属技术领域的技术人员通常采用的技术词典、技术手册、工具书、教科书、国家或者行业技术标准等界定。

第四条规定：权利要求书、说明书及附图中的语法、文字、数字、标点、图形、符号等有明显错误或者歧义，但所属技术领域的技术人员通过阅读权利要求书、说明书及附图可以得出唯一理解的，人民法院应当根据该唯一理解作出认定。

《最高人民法院关于审理侵犯专利权纠纷案件应用法律若干问题的解释》（2009）第二条规定：人民法院应当根据权利要求的记载，结合本领域普通技术人员阅读说明书及附图后对权利要求的理解，确定《专利法》第五十九条第一款[1]规定的权利要求的内容。

第三条规定：人民法院对于权利要求，可以运用说明书及附图、权利要求书中的相关权利要求、专利审查档案进行解释。说明书对权利要求用语有特别界定的，从其特别界定。

以上述方法仍不能明确权利要求含义的，可以结合工具书、教科书等公知文献以及本领域普通技术人员的通常理解进行解释。

《最高人民法院关于审理侵犯专利权纠纷案件应用法律若干问题的解释（二）》（2020）第四条规定：权利要求书、说明书及附图中的语法、文字、标点、图形、符号等存有歧义，但本领域普通技术人员通过阅读权利要求书、说明书及附图可以得出唯一理解的，人民法院应当根据该唯一理解予以认定。

第五条规定：在人民法院确定专利权的保护范围时，独立权利要求的前序部分、特征部分以及从属权利要求的引用部分、限定部分记载的技术特征均有限定作用。

第六条规定：人民法院可以运用与涉案专利存在分案申请关系的其他专利及其专利审查档案、生效的专利授权确权裁判文书解释涉案专利的权利要求。

[1] 现行《专利法》第六十四条第一款。

专利审查档案，包括专利审查、复审、无效程序中专利申请人或者专利权人提交的书面材料，国务院专利行政部门制作的审查意见通知书、会晤记录、口头审理记录、生效的专利复审请求审查决定书和专利权无效宣告请求审查决定书等。

（三）实用新型专利权评价程序中权利要求保护范围的确定

专利权的保护范围以其权利要求的内容为准，说明书及附图可以用于解释权利要求的内容，这是《专利法》规定的确定专利权保护范围的基本原则。在专利授权、确权和侵权诉讼等各种程序中均应当遵循上述基本原则，但权利要求的具体解释规则却会因不同程序的性质和任务不同，以及允许专利权人修改专利文件或专利申请文件的尺度不同而存在一定的差异。例如对于授权程序，审查的任务是尽可能地消除存在的缺陷和潜在争议点，授权程序中申请人具有较大的修改自由和空间，因此审查中通常采用最大合理解释原则来界定权利要求的范围。而对于确权程序，其是对已授权专利的授权是否恰当进行的重新审视，专利权人修改自由度小，如若采用与授权程序相同的最大合理解释原则来界定权利要求的保护范围，则可能会产生因申请人撰写上的细小瑕疵导致权利要求无效的严重后果，对专利权人有失公平，因此一些情况下应通过站位所属技术领域的技术人员，借助说明书、其他相关权利要求、工具书、教科书等对权利要求进行解释，而不宜完全采用最大合理解释原则。

实用新型专利权评价程序是一个独特的程序，对于评价程序中权利要求的解释，也应当综合考虑评价报告程序的性质和任务以及评价报告本身的法律作用来进行。实用新型专利权评价程序是对已授权的实用新型专利是否符合《专利法》及其实施细则规定的授权条件进行分析和评价，评价报告由国家知识产权局单方作出，专利权人没有修改专利文件的机会，请求人通常也没有陈述意见的机会。从作出的评价报告的法律作用来看，评价报告是人民法院或者管理专利工作的部门作为审理、处理专利侵权纠纷时可以采用的证据，是提出开放许可声明的必要条件。评价报告使专利权人和潜在被许可人对该专利权有清晰的认识，也是帮助社会公众了解实用新型专利权稳定性、避免产生侵权纠纷的信息来源。由此可见，评价报告的主要作用在于作为证据帮助法院、管理专利工作的部门及相关当事人判断所涉实用新型专利权的稳定性，在这一点上专利权评价程序更接近于专利确权程序，因此，在评价程序中，审查员可以参考专利确权程序中对权利要求保护范围确定的相关规定，合理确定权利边界，依据法律规定的授权条件客观判断授权权利要求是否存在影响专利有效性的缺陷。

(四) 几种典型情况

下面通过几种典型情况和案例来说明实用新型评价程序中权利要求保护范围的确定。

1. 权利要求的用语在所属技术领域具有通常的含义

权利要求的用语在所属技术领域具有通常的含义，所属技术领域的技术人员通过阅读说明书及附图后确认说明书没有对该用语进行特别界定，则该用语应按照通常含义来理解。

案例 4-7

【案情简介】

现有的电热发生片采用 PET 薄膜作为基材，PET 薄膜机械性能较低，且可燃，易出现漏电、局部受热等现象，存在较大的安全隐患，且 PET 薄膜柔韧性较低、透气性较差。

本实用新型专利提供一种用于医疗保健产品中的电热发生片（参见图 4-3），通过将 *N* 个电热油墨层置于牛津布基材的表面，导电银浆条套印在 *N* 个电热油墨层的两端以使 *N* 个电热油墨层形成并联关系，金属导电条覆于导电银浆条之上，在牛津布基材的第二个表面设置阻燃PU胶膜，在N个电热油墨层上覆一层绝缘胶膜，解决了现有技术中远红外电热发生片存在的柔韧性较低、透气性较差、安全性较低等技术问题。

说明书中记载了：阻燃PU胶膜5和N个电热油墨层2分别覆在所述牛津布基材1的两表面，两条导电银浆条3套印在所述N个电热油墨层2的两端，使N个电热油墨层2形成并联关系，两条金属导电条4分别覆于导电银浆条3之上；优选地，阻燃PU胶膜5与所述牛津布基材1大小相同，阻燃PU胶膜5完全覆于牛津布基材1的另一表面。

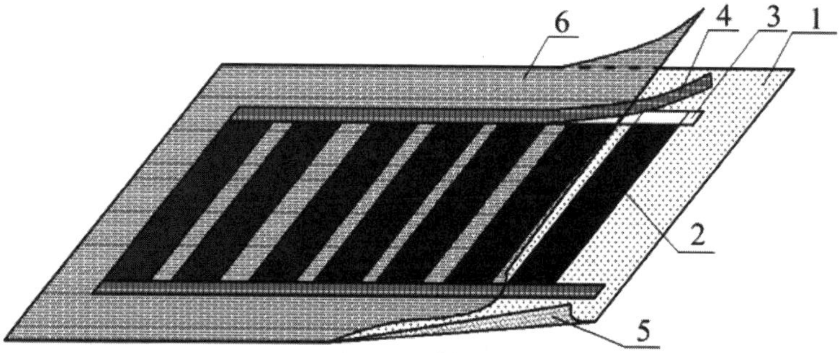

图4-3　电热发生片结构示意图

【权利要求】

一种电热发生片，其特征在于，包括：牛津布基材（1），N个电热油墨层（2），至少两条导电银浆条（3），至少两条金属导电条（4），其中，所述N个电热油墨层（2）置于所述牛津布基材（1）的第一表面，所述导电银浆条（3）套印在所述N个电热油墨层（2）的两端以使所述N个电热油墨层（2）形成并联关系，所述金属导电条（4）覆于所述导电银浆条（3）之上，所述N为大于1的整数。

【案例分析】

“覆”在所属技术领域具有通常的含义，是盖住的意思，其表示上面的物体与下面的物体具有重叠的面积，可以是部分重叠，也可以是全部重叠；对于“金属导电条（4）覆于所述导电银浆条（3）之上”的理解，其不必然具有金属导电条4与导电银浆条3的全部面积重叠的含义；同时，说明书中多次出现“覆”的表述：“阻燃PU胶膜5和*N*个电热油墨层2分别覆在所述牛津布基材1的两表面”“阻燃PU胶膜5完全覆于牛津布基材的另一表面”，当阻燃PU胶膜5的面积等于牛津布基材1大小相同的优选实施方式时，其采用了“完全覆于”的表述。

由此，所属技术领域的技术人员通过阅读本实用新型专利的权利要求书、说明书及附图后可以得出，“覆”在本实用新型专利中没有特别的界定，对于权利要求中的“覆”应按照所属技术领域所具有的通常含义进行理解，不应将权利要求“金属导电条（4）覆于所述导电银浆条（3）之上”中的“覆”限缩为“完全重叠”。

2. 说明书对权利要求中用语的特别界定

权利要求中用语为所属技术领域通用的技术术语，但在说明书中对于该技术术语赋予特殊含义，或者权利要求中用语为专利权人自造词，但仅在说明书中对该自造词的含义进行了特别的界定，则对该用语的理解应遵照说明书中的特别界定。

案例4-8

【案情简介】

现有的水龙头都能实现一定角度的转动，但是这种转动都是在固定的旋转范围内进行随意转动，限制了使用范围。

本实用新型的水龙头是能够实现四角轴定位的定位式水龙头。水龙头的出水管转动角度没有局限性，能够360°转动，在极轴方向实现极限定位，而且在使用时给人整体归属感，提高美观度。具体实施方式中提到：

四角轴定位组件包括：定位垫片，其上在4个角设置有与极轴方向相同的4个定位孔；与定位孔相配合的钢珠；与钢珠相配合的弹簧；定位垫片套装在转芯的上部，弹簧的顶部与出水管内壁连接。通过四角轴定位组件实现了水龙头的四角轴定位，即实现水龙头的出水管旋转后在与 *X*、*Y* 轴的正、负方向相同的4个方向上的定位。

【权利要求】

一种定位式水龙头，包括出水管以及手柄本体，所述手柄本体内装有转芯，该转芯的上部与出水管连接，转芯上套装有卡圈和O形圈，其特征在于，所述水龙头内装有四角轴定位组件。

【案例分析】

本实用新型权利要求中的特征“四角轴定位”在所属技术领域中不具有通常的含义，属于专利权人的自造词，且权利要求中并未对“四角轴定位”的含义进行限定，上述技术术语的含义依赖于说明书的记载。

根据说明书的记载，本实用新型的水龙头通过四角轴定位组件实现了水龙头的四角轴定位，即实现水龙头的出水管旋转后在与 *X*、*Y* 轴的正、负方向相同的4个方向上的定位。因此，对于“四角轴定位”的理解应遵照说明书中的特别界定，即“在与 *X*、*Y* 轴的正、负方向相同的4个方向上的定位”。

3. 其他权利要求对权利要求保护范围的影响

权利要求中的用语在所属技术领域具有通常的含义，但其他权利要求对该用语进行了进一步的解释和限定，根据《专利法》及其实施细则的规定，通常认为不同的权利要求具有不同的保护范围，因此，对于该权利要求的用语，应按照所属技术领域通常具有的含义进行理解，避免引入其他权利要求的技术特征对其进行限缩性解释。

案例 4-9

【案情简介】

现有无源型光电互感器线圈输出电压低、无法实现直接通过光电技术将线圈的输出连接到终端设备，有源型光电互感器可以提高线圈输出电压，但由于在高压区引入了电源，使得需花费很大代价做好高压绝缘，整个装置非常复杂。

本实用新型专利提供一种反射式萨格奈克干涉仪型全光纤电流互感器，采用反射式萨格奈克干涉处理技术，克服温度、振动、电磁干扰等各种环境因素的干扰，无须在高压区引入电源；感应光纤动态范围大、线性度好、自身具有绝缘特性，并可以提高测量精度，降低互感器的体积和重量。

说明书中记载了“光纤电流感应部分位于电流互感器的高压区，由 1/4 波片 9、感应光纤线圈 10、感应光纤线圈端面镀反射膜 11 组成”。

【权利要求】

1. 一种反射式萨格奈克干涉仪型全光纤电流互感器，其特征在于：它至少由光电单元和光纤电流感应单元连接构成；其中，光电单元用于产生用于检测的光信号，光纤电流感应单元利用该光信号检测流过其光纤绕组缠绕的母线中的电流，并返回该光电单元将检测光信号输出；所述的光电单元至少由光源、单模光纤耦合器、保偏光纤消偏器、光纤偏振器、光相位调制器、振荡源、保偏光纤延迟线以及光电检测器连接构成；光源输出的光信号经过单模光纤耦合器正向传输给保偏光纤消偏器；离开保偏光纤消偏器的光信号进入光纤偏振器；光纤偏振器将该光信号等分为两个正交的线偏振光分别送给光相位调制器；该光相位调制器根据来自振荡源的调制信号对两个正交的线偏振光进行同步调制，然后经过保偏光纤延迟线输出给光纤电流感应单元；从光纤电流感应单元返回的光信号到达光纤偏振器产生萨格奈克干涉，该干涉光经过单模光纤耦合器反向传输给光电检测器；光电检测器将检测信号输出。

……

10. 根据权利要求1所述的反射式萨格奈克干涉仪型全光纤电流互感器，其特征在于：所述的光纤电流感应单元设在电流互感器的高压区，至少由λ/4波片（其中λ为光纤中传递的光信号的波长）、感应光纤线圈和感应光纤线圈端面镀反射膜组成；其中，λ/4波片用于将来自保偏光纤延迟线的线偏振光转换为两个圆偏振光，该两个圆偏振光经过感应光纤线圈到达端面的反射膜，该反射膜将该两个圆偏振光信号全反射，并沿着感应光纤线圈反向传播。

【案例分析】

对于本实用新型专利权利要求1中的“全光纤电流互感器”，权利要求1中仅记载了全光纤电流互感器至少由光电单元和光纤电流感应单元连接构成，尽管权利要求1的从属权利要求10中限定了“光纤电流感应单元……至少由λ/4波片……感应光纤线圈和感应光纤线圈端面镀反射膜组成”，但权利要求1中没有记载“反射膜”的技术特征，说明书中既没有将具有“反射膜”的技术方案作为背景技术描述，也没有用“反射膜”这一技术特征对权利要求1所述的“全光纤电流互感器”作出特别界定，说明书中的相关内容仅能说明本实用新型专利在对应于从属权利要求10的进一步的优选实施例中，采用了光纤端面镀反射膜的方式，从属权利要求为对其所引用的权利要求的进一步限定，那么，权利要求1的保护范围大于从属权利要求10的保护范围。对于权利要求1中“全光纤电流互感器”的含义，所属技术领域技术人员应按照其在光电技术领域具有的通常含义进行理解，即光传输部分以及感应部分均使用光纤或者采用光纤作为敏感元件，不能采用从属权利要求10中“感应光纤线圈端面镀反射膜”对其进行限缩。

4. 用途特征对权利要求保护范围的影响

通常情况下，在确定实用新型专利权利要求的保护范围时，权利要求的所有特征均应当予以考虑，而每一个特征的实际限定作用应当最终体现在该权利要求所保护的主题上。对于主题名称中含有用途特征的实用新型专利产品权利要求，其中用途特征的作用取决于对所保护的产品本身带来何种影响。在考虑包括权利要求的主题名称在内的全部技术特征对其保护范围的影响时，应当考虑该用途特征是否隐含/导致了所保护的产品具有某种特定形状、构造或者其结合。

案例 4-10

【案情简介】

消除噪声是当前交通运输工程中紧迫的任务之一，需要一种具有良好降噪功能的交通路网吸声板，然而目前用于生产交通路网吸声板的模具大多不能实现一次成型，而且生产中易产生“三废”污染。

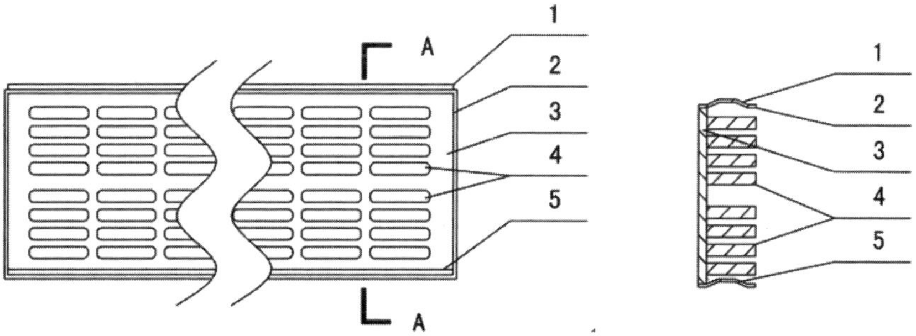

图 4-4　直孔式一次成型吸声板模具示意图

本实用新型专利提供一种用于交通路网直孔式一次成型吸声板模具（参见图 4-4）。说明书记载了该模具用于一次成型交通路网吸声板。其中，第一联接槽 1 和第二联接槽 5 主要是为了生产出来的成品在安装时，方便连接；凸槽4作用是为了浇注成品时，自动生成吸声孔；边框模板2、模板3以及模板上的凸槽4组成一个一次成型的浇注腔。本实用新型结构简单，易安装；在生产过程中，能够一次成型，大大提高生产效率，减少污染和生产成本；由于生产出来的成品上的吸声孔为直孔，故作为吸声墙下半部分使用，解决了交通公路上车辆运行时所产生的噪声，保障了人们的正常生活。

【权利要求】

一种用于交通路网直孔式一次成型吸声板模具，包括边框模板（2），其特征在于：边框模板（2）顶部设有第一联接槽（1），边框模板（2）底部设有第二联接槽（5），边框模板（2）内部设有模板（3），模板（3）正面设有凸槽（4），凸槽（4）为垂直于模板（3）正面的等间距条形结构。

【请求人意见】

对于权利要求中“用于交通路网”是否能够使得该权利要求保护的模具具有特定的结构，请求人在实用新型专利权评价程序中提出：说明书中记载了“解决了交通公路上车辆运行时所产生的噪声”，即本专利所属的技术领域应为设置在交通公路两侧的吸声板的制造领域，在所属技术领域中作为吸声墙下半部分所使用的吸声板，必然具有朝着吸音源一侧的吸声面、中间的吸声层以及完全封闭的后壁部，即利用本专利模具生产出来的吸声板所具有的吸声孔应该是盲孔而不应该是贯通孔，为了形成盲孔，用于形成吸声孔的凸槽4的高度要低于四周的边框模板2的高度。

【案例分析】

“交通路网”在所属技术领域泛指各种交通形式的路网，并不特指公路交通，虽然说明书中记载了降低“交通公路上车辆运行时所产生的噪声”并将生产出来的成品作为吸声墙下半部分使用，但这仅是本实用新型专利的优选应用方式，并非对“交通路网”的特别界定。

虽然基于权利要求中“凸槽（4）为垂直于模板（3）正面的等间距条形结构”的限定能够得到吸声板为“直孔式”结构，并根据权利要求主题名称可知该吸声板为一次成型，但不能由权利要求限定的特征得出本专利制造的吸声板为盲孔吸声板，“一次成型”仅用于限定吸声板的成型过程，并不表示吸声板为构成吸声墙下半部分的全部构件，即该直孔式吸声板也可以和其他构件一起作为吸声墙下半部分，本实用新型专利只是优选使用直孔式吸声板直接作为“吸声墙下半部分使用”。

因而，对于权利要求中限定的用途特征“用于交通路网”，其并未隐含/导致了所保护的产品具有某种特定形状、构造或者其结合；所属技术领域人员从本专利权利要求的限定并不能得出采用本专利的模具制造出的吸声板必然用作吸声墙的下半部分。

5. 方法特征对权利要求保护范围的影响

在实用新型专利权评价过程中，对于权利要求保护范围的确定，应当考虑其技术方案中的所有技术特征，包括方法特征。权利要求包含方法特征时，在符合实用新型专利保护客体的前提下，方法特征实际的限定作用取决于对所保护的产品本身带来何种影响，即应当考虑该方法特征是否隐含/导致了产品具有某种特定的形状、构造或者其结合。

案例 4-11

【案情简介】

现有的移动终端如手机的标准配置中都设有耳机孔，耳机孔由于裸露于外界环境中，其内容易积聚灰尘，这不但影响到手机的美观，也可能导致耳机插头与耳机孔接触不良，从而严重影响到手机的使用性能。

本实用新型专利提供一种移动终端壳体（参见图 4-5），通过设置半切膜实现对移动终端输入输出接口的密封，该半切膜固定于壳体本体并具有与壳体本体的孔位置对应的半切痕，当用户开始计划使用该输入输出接口时，可以使用任意尖锐物将半切膜沿半切痕撕裂去除，露出移动终端的输入输出接口。

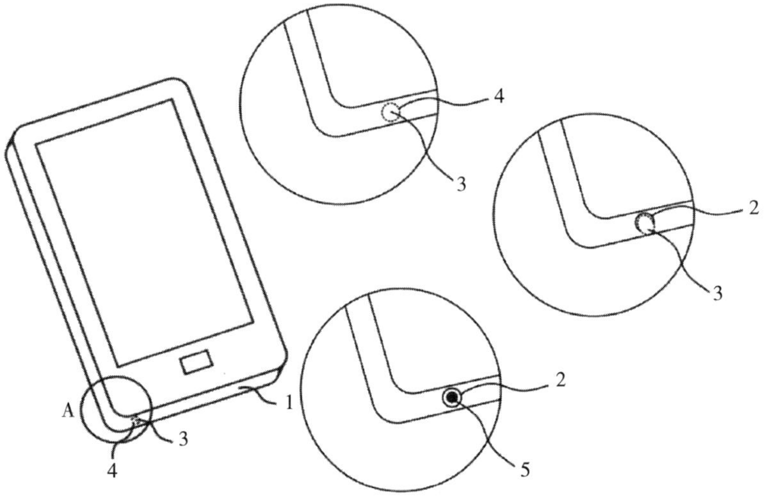

图 4-5　移动终端壳体示意图

说明书中记载：作为一个较佳实施例，所述半切膜3为模内镶件注塑半切膜，经模内镶件注塑工艺成型。模内镶件注塑工艺是模内装饰技术（IMD，In-Mold Decoration）的一种，是将已印刷好图案的膜片放入金属模具内，将成型用的树脂注入金属模具内与膜片结合，使印刷有图案的膜片与树脂形成一体而固化成成品的一种成型方法。模内镶件注塑工艺非常显著的特点是：最终生成的膜的表面是一层硬化的透明薄膜，中间是印刷图案层，而背面是塑胶层。模内镶件注塑工艺是较成熟的技术。

【权利要求】

一种移动终端壳体，其特征在于，包括：

壳体本体（1），具有与所述移动终端的输入输出接口（5）位置对应的孔（2）；

半切膜（3），固定于所述壳体本体（1），具有与所述壳体本体（1）的孔（2）位置对应的半切痕（4）；所述半切膜（3）为模内镶件注塑半切膜。

【案例分析】

本实用新型专利的该权利要求中技术特征“模内镶件注塑”属于方法特征，在确定该权利要求的保护范围时应当考虑该技术特征。“模内镶件注塑”限定的对象是“半切膜”，限定的方式是通过制备该膜的“模内镶件注塑”制备工艺对膜进行限定，即该特征是通过半切膜的制备方法对“半切膜”本身进行的限定。本专利说明书中记载了模内镶件注塑“最终生成的膜的表面是一层硬化的透明薄膜，中间是印刷图案层，而背面是塑胶层”，而且本专利说明书中所记载的模内镶件注塑的工艺过程以及依据该工艺制备的产品结构特性与所属技术领域中已知的模内镶件注塑是一致的，所属技术领域的技术人员可以知晓通过该制备方法制备的膜本身具有已知的硬度、层状结构等特性，即该制备方法导致该半切膜具有其特定的形状或者构造。该权利要求的保护范围应包括具有该特定的形状或者构造的半切膜。

6. 发明目的对权利要求保护范围的影响

说明书中记载了专利所要解决的背景技术中存在的技术问题，对于其所明确排除的技术手段，不应纳入权利要求保护的范围内。但当所解决的技术问题为多个，独立权利要求中仅记载了解决其中一个技术问题的必要技术特征时，对于背景技术中存在的其他技术问题所采用的技术手段是否明显排除，应站位所属技术领域的技术人员进行判断。

案例 4-12

【案情简介】

现有的潜水面罩通常采用单镜面或双镜面，其所提供的视野角度远低于人的正常视野；目前市售的三视窗或四视窗的潜水面罩（参见图 4-6），其左、右两侧视野是以透明材质与框体一体成型的视窗，或者是在框体内嵌入两小片平面玻璃，正面视窗与左、右视窗间的框边仍然影响视野，效果不佳。对此，本实用新型专利通过采用由正向镜片与两侧的侧向镜片以粘合方式结合而成的镜面结构，以提供一种具有宽视野的潜水面罩。此外，现有技术也有采用曲面玻璃提供较宽广视野的设计者，但制作非平面状态的曲面玻璃的工艺复杂，成本高，对此，本实用新型专利进一步采用了平面结构的正向镜片和侧向镜片，以降低生产成本，适宜进行大批量生产。

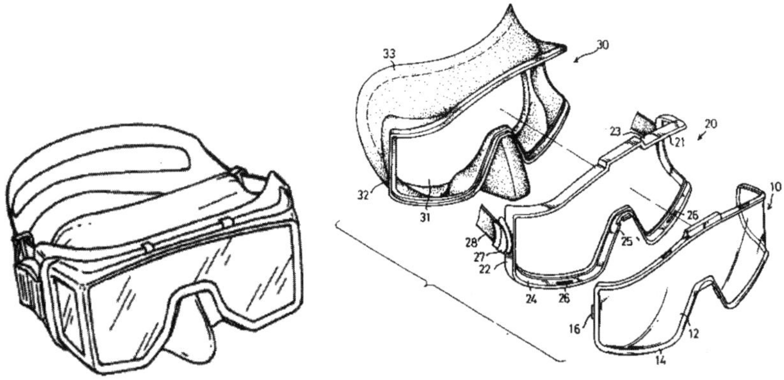

图 4-6　市售三视窗潜水面罩和具有拱形镜片的宽视野潜水面罩

本实用新型专利提供一种具有宽视野的潜水面罩（参见图 4-7），采用了镜面由正向镜片与两侧的侧向镜片以粘合方式结合而成的结构，其具有较宽的视野，且具有安全可靠、可大量生产以及成本低等优点。

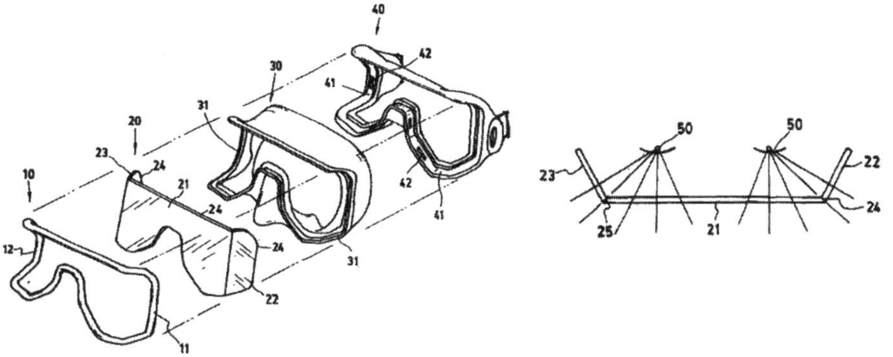

图 4-7　具有宽视野的潜水面罩示意图

【权利要求】

一种具有宽视野的潜水面罩，其特征在于，其包括一副框（10）、一镜面（20）、一面罩（30）及一主框（40）：

副框：其框缘配合镜面的框缘，其夹掣镜面及面罩而与主框结合成一体；

镜面：是由正向镜片（21）与两侧的侧向镜片（22、23）以粘合方式结合而成；

面罩：具有与镜面外缘（24）结合的框缘（31），该框缘并可置入主框的框槽（41）内；

主框：具有与面罩、镜面的外缘、副框的框缘结合的框槽，其与副框可结合成一体。

【案例分析】

本实用新型专利为了实现潜水面罩的宽视野，避免了使用正面视窗和左、右视窗之间的“框边”结构，采用了“镜面由正向镜片与两侧的侧向镜片以粘合方式结合而成”的结构，即包含该技术特征的技术方案已解决了说明书中记载的技术问题之一。本实用新型专利的独立权利要求中，仅限定了“镜面：是由正向镜片（21）与两侧的侧向镜片（22、23）以粘合方式结合而成”，并未对镜片的外形进行具体限定，虽然在本专利说明书中提及了现有技术制作非平面状态的曲面玻璃工艺复杂、成本高，且说明书附图所示的具体实施方式中仅示意了由平面镜片构成的镜面结构，但是本专利独立权利要求并未明显排除正向镜片和两侧的侧向镜片是曲面镜片的技术方案：第一，根据说明书对现有技术的记载可知，专利权人在提出本专利申请时，已知晓现有技术中应用于潜水面罩的玻璃有平面玻璃和曲面玻璃之分，然而专利权人并未在其独立权利要求的技术方案中对镜片的外形进行限定，可见其并不想排除曲面镜片的可能；第二，本专利的独立权利要求已经可以解决拓宽视野的技术问题，对于降低成本等问题的改进，可以选择包含在进一步优选的技术方案中。在此基础上，在作出评价报告的过程中，对于该独立权利要求的解读不能过度地强调全部发明目的而排除曲面镜片，进而将该权利要求中的镜面限缩为平面镜片。

7. 开放式与封闭式撰写形式对权利要求保护范围的影响

通常，开放式的权利要求宜采用“包含”“包括”“主要由……组成”的撰写形式，其解释为还可以含有该权利要求中没有述及的结构组成部分或方法步骤；封闭式的权利要求宜采用“由……组成”的撰写形式，其一般解释为不含有该权利要求所述以外的结构组成部分或方法步骤。然而，在确定权利要求保护范围时，对权利要求究竟属于开放式权利要求还是封闭式权利要求的考虑，不完全依赖于采用何种词语进行撰写，依然要根据具体的案情进行分析。

案例 4-13

【案情简介】

现有的 PE 燃气管是将 PE 料子和色母，再加上抗氧化剂和阻燃剂，放入挤出机挤出后，经过喷淋冷却、定长切割得到 PE 燃气管，其机械强度低、韧性差，高温强度刚度不足，耐热等级低。

本实用新型专利提供一种燃气用 XSC50 冷缩式衬塑铝合金管（参见图 4-8），采用机械强度高、韧性好的 XSC50 树脂管作为原料，将铝管和 XSC50 树脂管通过冷缩无缝连接，外覆氧化膜保护层和高附着力的防氧化腐蚀层，使制得的管道在高温环境中强度刚度好，耐热等级高。

图 4-8　燃气用 XSC50 冷缩式衬塑铝合金管结构图

【权利要求】

燃气用 XSC50 冷缩式衬塑铝合金管，其特征在于，由从内到外依次设置的 XSC50 树脂管层、铝管层、氧化膜保护层和高附着力的防氧化腐蚀层组成；所述 XSC50 树脂管层厚度为 x，铝管层厚度为 y，氧化膜保护层厚度为 9~11μm，高附着力的防氧化腐蚀层厚度为 20~25μm，所述 $2.5 \leqslant x:y \leqslant 3$。

【案例分析】

本实用新型专利权利要求采用“由……组成”的封闭式撰写形式限定了衬塑铝合金管的四层结构，并且限定了从内到外各层的特定顺序，则应理解为该衬塑铝合金管包括且仅包括“XSC50树脂管层、铝管层、氧化膜保护层和高附着力的防氧化腐蚀层”四层结构。

二、权利要求保护范围不清楚

《专利法》第二十六条第四款规定：权利要求书应当以说明书为依据，清楚、简要地限定要求专利保护的范围。

《专利审查指南》（2010）第五部分第十章第3.2节规定：实用新型是否符合《专利法》第二十六条第四款的规定，其评价标准适用本指南第二部分第二章第3.2节的规定。

由以上规定可知，在评价报告中，判断权利要求保护范围是否清楚的标准与发明实审相同。

权利要求书应当清楚，一是指每一项权利要求应当清楚，二是指构成权利要求书的所有权利要求作为一个整体也应当清楚。

对于判定权利要求保护范围不清楚后的处理方式，考虑到评价报告作出时所处的阶段既不同于实用新型初步审查阶段中申请人能够修改权利要求书，又不同于无效审理阶段专利权人可以通过口审、意见陈述等方式陈述意见或修改权利要求书；并且，评价报告的作出旨在对已授权的实用新型专利进行全面的评价，所以在作出评价报告时建议：

（1）当权利要求保护范围不清楚的程度已经造成无法作出有意义的检索时，仅需在评价报告中指出该不清楚缺陷即可。

（2）权利要求虽然不符合《专利法》第二十六条第四款有关权利要求保护范围应当清楚的规定，但根据说明书的描述能够给出合理预期的技术方案，建议在指出权利要求不清楚的同时，对上述合理预期的技术方案进行检索及评价。

（3）对于权利要求中存在的诸如明显错误等瑕疵，无须给出该权利要求不符合《专利法》第二十六条第四款规定的结论，但需要在评价报告进行评述前指出该权利要求中存在的该处明显错误并给出正确的技术方案，以该正确的技术方案进行检索和评价。

下面，对在作出评价报告时可能涉及的权利要求保护范围不清楚的几种典型情况及其处理方式进行介绍。

（一）权利要求的类型不清楚

1. 权利要求主题名称不清楚

权利要求的主题名称应当能够清楚地表明该权利要求的类型是产品权利要求还是方法权利要求。不允许采用模糊不清的主题名称，例如，“一种……技术”，或者在一项权利要求的主题名称中既包含有产品又包含有方法，例如，“一种……产品及其制造方法”。

在权利要求的主题名称无法表明是产品还是方法导致权利要求不清楚的情况下，由于主题是方法的技术方案不是实用新型专利保护的客体，因此，若能合理预期一个关于产品的技术方案，应在指出权利要求不清楚的同时，按照上述关于产品的合理预期的技术方案对权利要求进行检索及评价。

案例 4-14

【案情简介】

目前大屏幕手机所使用的手机 3D 眼镜架子中透镜的设计并没有单独进行优化，透镜的固定方式也存在繁琐的问题。本实用新型专利属于 3D 眼镜领域，具体是一种手机 3D 眼镜架子中的透镜及其固定方案（参见图 4-9），其解决了目前 3D 眼镜结构复杂和透镜组装困难的问题。

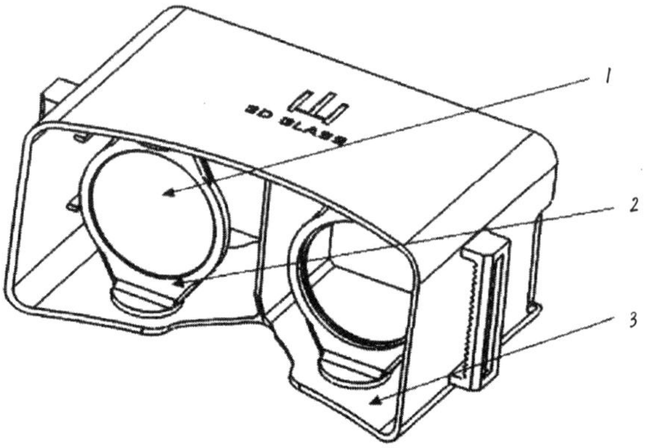

图4-9 手机3D眼镜架子结构图

【权利要求】

一种手机3D眼镜架子中的透镜及其固定方案，包括眼镜架子、透镜，其特征在于：所设计的透镜为非球面凸透镜；透镜（1）通过天地支架（2）的方式固定在3D眼镜架子（3）内部。

【案例分析】

本专利权利要求的主题名称为“一种手机3D眼镜架子中的透镜及其固定方案”，其无法清楚地表明该权利要求的类型是产品权利要求还是方法权利要求。在该权利要求的技术特征中，既包括了诸如眼镜架子、非球面凸透镜等结构特征，又包括了“透镜通过天地支架的方式固定在3D眼镜架子内部”涉及固定方法的特征，即根据该权利要求的技术特征也不能确认该权利要求属于一种方法权利要求还是一种产品权利要求。因此，该权利要求的类型不清楚，不符合《专利法》第二十六条第四款的规定。

尽管该权利要求的类型不清楚，但是这种不清楚并不会影响所属技术领域技术人员对该技术方案给出合理预期：“一种手机3D眼镜，包括眼镜架子、透镜，所设计的透镜为非球面凸透镜；透镜通过天地支架的方式固定在3D眼镜架子内部”，审查员应基于该合理预期的技术方案进行检索和评价。

2. 权利要求的主题名称不能与权利要求的技术内容相适应

权利要求的类型应当清楚，还要求权利要求的主题名称应当与权利要求的技术内容相适应，对于产品权利要求应尽量用产品本身的结构等特征进行限定，当用结构和形状特征无法清楚地表征该产品时，才允许借助其他特征，例如参数、方法等特征来表征。当采用非结构和形状特征来限定产品权利要求时，需要判断其是否使得所限定的产品具有清楚的保护范围。

案例 4-15

【案情简介】

本实用新型专利涉及一种用温度调出来的高渗透性无纺布，包裹在塑料排水板表面（参见图 4-10）。目前无纺布透水量小，固结地基时间周期长，现有技术中热轧辊的温度恒定，本专利采用调节上下热轧辊的温度来达到增加现有无纺布渗透水量的目的。

【权利要求】

一种用温度调出来的高渗透性无纺布，其特征是：上热轧辊（1）的体表面布满花纹凸点（1-1），右截面有上进液口（1-2）、上回液口（1-3）、上轧辊轴（1-4）和旋转方向标志（1-5），上轧辊轴（1-4）的两端分别装上两头轴承 1（3），下热轧辊（2）安装在上热轧辊（1）的垂直下面，右截面设有下进液口（2-1）和下回液口（2-2）及下轧辊轴（2-3），下轧辊轴（2-3）的两端分别装上两头轴承 2（3-1），高渗透无纺布（4）是通过上热轧辊（1）与下热轧辊（2）之间的空隙中经高温滚动挤压后成形的，未调温无纺布（5）是在喷嘴（6-2）喷出的喷丝（6-3）落在成网布（7）的上面形成的，喷淋管（6）、喷嘴（6-2）是固定在未调温无纺布（5）的正上面，网前轴（7-1）、网后轴（7-2）的两轴头分别装入两头轴承3（3-2）、两头轴承4（3-3）内，上油箱（8）内部装入上液油（8-6），油箱正表面设计有上油温表（8-1）、右侧设有上调温旋钮（8-2）、上电源线插头（8-3），左侧设有上回油管（8-4）、上进油管（8-5）、分别连接到上进液口（1-2）和上回液口（1-3），下油箱（9）内部装入下液油（9-6），油箱正表面设计有下油温表（9-1），右侧设有下调温旋钮（9-2）和下电源线插头（9-3），左侧设有下回油管（9-4）、下进油管（9-5）、分别连接到下进液口（2-1）和下回液口（2-2）。

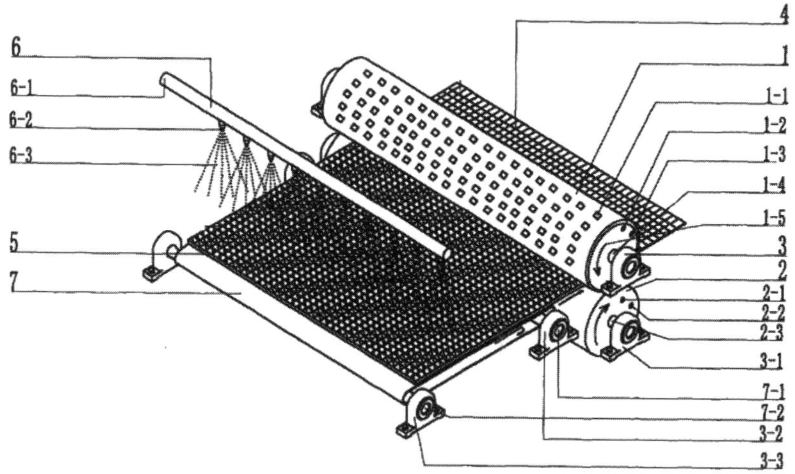

图4-10（A） 本实用新型专利的整体结构轴测图

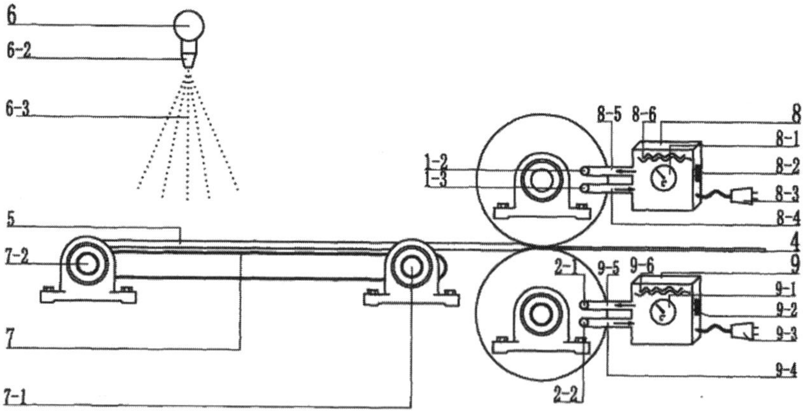

图4-10（B） 本实用新型专利的整体结构右视图

【案例分析】

本实用新型专利的权利要求保护一种用温度调出来的高渗透性无纺布，其仅限定了制造该无纺布的设备的结构和部件间的连接关系，并未对该无纺布的结构、形状、性能等与无纺布这一产品直接相关的特征进行限定。虽然本专利权利要求中明确限定了有上调温旋钮 8-2 和下调温旋钮 9-2，表明了其上、下加热辊温度可调的技术手段，但是包含这一技术手段的无纺布加工设备涵盖了现有技术中无纺布加工的所有温度范围，所属技术领域人员通过该设备根据加工工艺的不同可以得到各种类型的无纺布，并不能明确地得到具有特定形状、结构或性能的无纺布，因此，所属技术领域技术人员根据上述权利要求的限定，无法清楚界定其所要保护的无纺布的形状和构造，故该权利要求不符合《专利法》第二十六条第四款有关清楚的规定。

在作出评价报告时，由于所属技术领域人员无法根据该权利要求获得明确的高渗透性无纺布的形状和构造，因此，无法预期得出一个合理的可检索的技术方案，可以仅在评价报告中指出该权利要求不符合《专利法》第二十六条第四款有关清楚的规定，并给出详细的理由。

（二）技术特征缺乏引用基础

构成权利要求书的所有权利要求作为一个整体应当清楚。从属权利要求可以对其引用的在前权利要求中已经存在的技术特征作进一步限定，也可以增加在前权利要求中不存在的技术特征，但是无论采用哪一种方式，权利要求本身作为整体，应当清楚限定技术特征之间的关系。如果从属权利要求中的部件或构件特征在其引用的权利要求中缺乏基础性限定，导致所属技术领域技术人员无法从整体上判断该部件或构件特征在整个技术方案中的物理位置或者与其他部件之间的连接关系，则该权利要求不清楚。

案例4-16

【案情简介】

本实用新型专利涉及干燥设备领域，特别涉及一种真空干燥炉，其包括自动真空门（参见图4-11）。

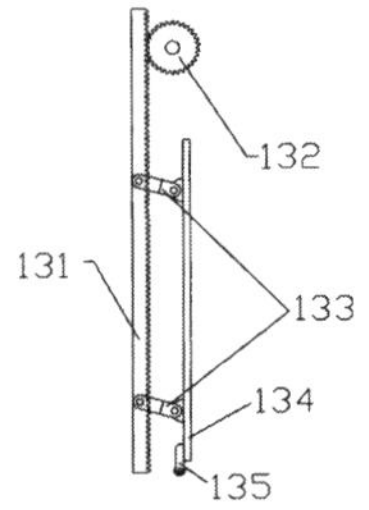

图4-11　自动真空门的侧面结构示意图

【权利要求】

1. 一种真空干燥炉，包括密闭箱体、有轨滑车、设于所述密闭箱体内并驱动所述有轨滑车移动的自动导轨、用于将所述密闭箱体抽真空的真空泵组、用于为所述密闭箱体加热的加热系统以及控制单元，其特征在于，还包括具有两个开口的连接箱，其中所述连接箱的第一开口密封连接到所述密闭箱体，所述密闭箱体与连接箱之间设有自动真空门及在所述自动真空门开启时容纳该自动真空门的罩体，所述自动真空门及自动轨道的驱动部分与控制单元连接。

……

5. 根据权利要求1所述的真空干燥炉，其特征在于，所述连接箱包括相连的第一部分及第二部分，其中该连接箱的第二部分连接到密闭箱体且该第二部分的尺寸大于第一部分及密闭箱体的尺寸，所述真空自动门位于连接箱的第二部分内。

6. 根据权利要求 5 所述的真空干燥炉，其特征在于，所述罩体位于所述连接箱的第二部分的上方，并与第二部分连通。

7. 根据权利要求 5 所述的真空干燥炉，其特征在于，所述自动真空门包括第二电动机、啮合到所述电动机输出轴的第二齿轮、啮合到所述第二齿轮的第二齿条以及由所述第二齿条带动的门板，所述第二电动机的控制信号输入端连接到所述控制单元。

8. 根据权利要求 6 所述的真空干燥炉，其特征在于，所述门板与齿条之间通过连杆连接，所述连杆的两端分别活动连接到门板和齿条。

【案例分析】

权利要求 8 中限定“所述门板与齿条之间通过连杆连接，所述连杆的两端分别活动连接到门板和齿条”，但在其直接或间接引用的权利要求 6、权利要求 5 以及权利要求 1 中，均未记载技术特征“门板”和“齿条”，所属技术领域人员无法根据权利要求的描述清楚地确定该“门板”和“齿条”与被引用的权利要求中的其他结构部件之间的相互位置关系和连接关系，因此，权利要求 8 的保护范围不清楚。

由于说明书具体实施方式中记载有“门板 134 与第二齿条 131 之间通过连杆 133 连接，该连杆 133 的两端分别活动固定到门板 134 和第二齿条 131”，同时，权利要求 7 中也限定了相应的“门板”和“第二齿条”，由此所属技术领域人员可以合理预期权利要求 8 是引用权利要求 7 的，因此，在作出评价报告时，应当在指出权利要求 8 的保护范围不清楚的同时，按照权利要求 8 引用权利要求 7 的合理预期，对权利要求 8 进行检索和评价。

（三）权利要求中用词导致的保护范围不清楚

权利要求中会出现相对用词、程度用词、自造词，但这些词不一定必然导致权利要求保护范围不清楚，若本领域技术人员根据说明书及权利要求的记载无法确定上述用词的含义、最终导致了权利要求保护范围不清楚，则在作出评价报告时，应当首先指出权利要求不清楚的缺陷；同时，将该相对用词、程度用词解释为本领域最大合理范围，并据此对权利要求进行检索和评价。

1. 权利要求中的相对用词和程度用词

在权利要求中应尽可能避免出现含义不确定的相对用词，如厚、薄、强、弱、高温、高压、很宽范围等；也应尽可能避免使用约、略、接近、等或类似物等可能导致保护范围不清楚的程度用词。

在实用新型专利的权利要求中出现相对用词或程度用词时，如果这类用词在特定领域中具有公认的确切含义，或者属于考虑误差、结构相对性后的客观描述，或者所属技术领域技术人员能够从本专利文件记载的内容中界定出确切含义，同时权利要求的保护范围也不会因这类用词的存在而出现边界不清晰的情况，则该类用词不会导致权利要求的保护范围不清楚。例如：一种对部件A和部件B进行过盈配合的装配方法，利用两个部件制作材料不同、热胀冷缩率不同的特性，在高温下对两个部件进行装配，冷却后上述部件A和部件B形成过盈配合。对于所属技术领域技术人员来说，上述“高温”所界定的温度范围是根据两个部件材料的耐热性和满足装配条件时二者易于配合在一起的温度条件来确定的，因此上述“高温”不会导致权利要求的保护范围不清楚。

如果相对用词或程度用词在所属技术领域没有公认的确切含义，也不属于考虑误差、结构相对性后的客观描述，且不能从本专利文件记载的内容中界定出确切含义，那么该类用词会导致权利要求的保护范围不清楚。在作出评价报告时，应当在指出权利要求的保护范围不清楚的同时，按照本领域最大合理范围解释该相对用词或程度用词，并以此进行检索和评价。

案例 4-17

【案情简介】

本实用新型专利涉及一种防电磁污染服。目前的类似产品成本高、售价贵和保护范围单一。本专利提供一种成本低、保护范围宽和效果好的防电磁污染服，采用的技术手段为在服装面料里设有由导磁率高而无剩磁的金属细丝或者金属粉末构成的起屏蔽保护作用的金属网或膜。说明书并未对其中的“导磁率高”作出进一步解释。

【权利要求】

一种防电磁污染服，所述服装在面料里设有由导磁率高而无剩磁的金属细丝或者金属粉末构成的起屏蔽保护作用的金属网或膜。

【案例分析】

上述权利要求中“导磁率高”中的“高”属于相对用词，所属技术领域人员知晓，导磁率也可称为磁导率，且磁导率有绝对磁导率与相对磁导率之分，根据具体条件的不同还涉及起始磁导率、最大磁导率等概念。不同概念的含义不同，计算方式也不尽相同。磁导率并非常数，当磁场强度 H 发生变化时，磁导率即会发生相应变化。即使参照该专利说明书，也没有记载导磁率是指相对磁导率还是绝对磁导率或者其他概念，也没有记载导磁率高的具体范围和包括磁场强度 H 等在内的计算导磁率的客观条件。所属技术领域技术人员根据本专利说明书同样难以确定所称的“导磁率高”的具体含义，从而难以进一步界定权利要求的保护范围，因此，该权利要求的保护范围不清楚。

在作出评价报告时，应当指出该权利要求保护范围不清楚的缺陷，此外，对于“导磁率高”的金属丝或金属粉末，按照本领域最大合理范围解释，只要能够检索到任何一种含义的高导磁率的金属丝或金属粉末用于防电磁污染均可以影响该专利的新颖性或创造性。

案例 4-18

【案情简介】

本实用新型专利涉及直流无刷风扇技术领域，特指一种防止漏油的直流无刷风扇。

【权利要求】

一种防止漏油的直流无刷风扇，其特征在于，……轴套（82）上端（82a）设有内径较转轴（4）外径略大的供转轴（4）插入轴套（82）的穿透孔（82b），……在轴套上端（82a）设置带有穿透孔（10a）的绝缘防油盖（10），穿透孔（10a）内径较转轴（4）外径略大；……

【案例分析】

本专利在轴套内装有轴承和转轴，轴套上端穿透孔（82b）的内径首先必须要保证轴承和转轴能够插装到位并能够相互配合，所属技术领域技术人员基于该权利要求的描述及其所具备的知识和能力，能够理解并确定转轴和穿透孔的配合关系及“略大”所要表明的尺寸关系，因此，此处的“略大”并不会导致该权利要求的保护范围不清楚。另外，对于“穿透孔（10a）内径较转轴（4）外径略大”的问题，根据本专利说明书的记载，风扇在工作过程中，绝缘防油盖与转轴要发生相对转动，二者之间必须留有一定的间隙以保证二者能够顺畅地相对转动；同时，由于绝缘防油盖要起到防油的作用，故其穿透孔的内径要尽量小，所属技术领域技术人员基于该权利要求的描述及其自身所具备的知识水平和能力也能够理解并确定穿透孔和转轴的配合关系以及“略大”所要表明的尺寸关系，即既要保证风扇的正常运转，又要保证绝缘防油盖起防油作用。因此，此处的“略大”也同样不会导致该权利要求的保护范围不清楚。

2. 权利要求中的自造词

自造词是专利权人自定义的词语，所属技术领域人员在相关专利申请日之前不知道其具体含义。权利要求中出现的自造词通常是对特殊构造、特定的图形特征等的表述。参见本书第四章第二节“说明书对权利要求中用语的特别界定”，对于权利要求中的自造词，若权利要求书或说明书赋予了该自造词特殊含义，那么对于权利要求的理解应遵照说明书中的特别界定，也即此时该自造词不会造成权利要求的保护范围不清楚。但是如果自造词在专利文件中没有明确的解释，则该自造词一般会造成权利要求的保护范围不清楚，同时可能需要考虑专利文件说明书是否符合《专利法》第二十六条第三款有关说明书公开充分的规定。

案例 4-19

【案情简介】

本实用新型专利涉及一种具有数显压力装置的喷枪（参见图 4-12）。现有的喷枪的覆盖于数显压力装置上方的盖板大多仅仅是通过螺丝进行固定，长时间使用后，螺丝容易发生松动。本实用新型结构的喷枪通过限位机构嵌于卡嵌机构内使盖板不会出现晃动，进而将盖板固定于手柄上的螺丝则不易出现松动。本专利说明书中对上壶接头的设置方式仅描述为“所述枪体 1 上方设有上壶接头 19；所述上壶接头 19 以圆筒柱状延伸至枪体 1 头部切面相交”，并未对其中的“切面相交”作出进一步地解释。

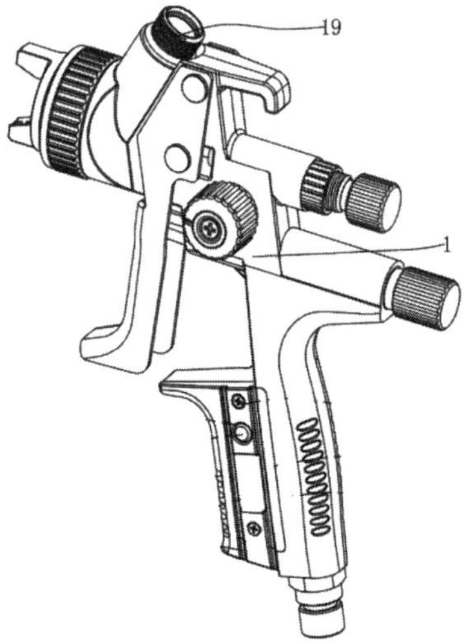

图 4-12　具有数显压力装置的喷枪结构图

【权利要求】

一种具有数显压力装置的喷枪，……所述枪体上方设有上壶接头；所述上壶接头以圆筒柱状延伸至枪体头部切面相交。

【案例分析】

第一，“切面相交”并非所属技术领域通用技术术语，在所属技术领域中并无特定含义，从字面意思来看，切面是指过曲面上一点的平面，该曲面上过该点的所有曲线的切线都在该平面上，相交是指互相交叉在一起，因此，从切面相交本身的字面意思来看，所属技术领域技术人员也无法理解上壶接头以圆筒柱状延伸至枪体头部后如何与其切面相交，因此“切面相交”一词是专利权人在描述上壶接头与枪体头部的连接结构时的自造词。第二，本专利说明书和附图中未对“切面相交”作出解释说明。因此，该权利要求中的自造词“切面相交”造成所限定的“上壶接头以圆筒柱状延伸至枪体头部切面相交”的含义不清楚，所属技术领域技术人员根据专利文件所述内容无法理解上述技术特征所表达的技术内容，从而导致该权利要求的保护范围不清楚。

（四）权利要求中的明显错误

当权利要求中某一用词的表述存在错误，但结合说明书和附图的内容，所属技术领域人员能够确定其唯一正确的表述，则该错误属于明显错误，权利要求的保护范围是清楚的，不影响对权利要求的检索和评价。但为了更好地表达评述意见，在作出评价报告时，建议明确指出其明显错误及其唯一正确的表述方式，并在此基础上对权利要求进行评价。

案例 4-20

【案情简介】

本实用新型专利涉及一种卫生用品片材的进料装置（参见图 4-13）。本专利说明书具体实施方式部分记载有“所述传感器 302 设置在上路导出部 3a 和下路导出部 3b 之间”。

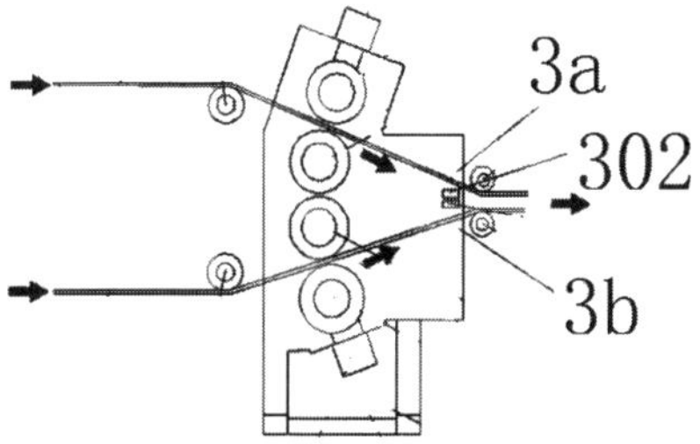

图 4-13　卫生用品片材的进料装置结构图

【权利要求】

一种卫生用品片材的进料装置，……其特征在于：还设置有至少一个传感器（302），所述传感器（302）安装在上路导出部（3a）与上路导出部（3b）之间。

【案例分析】

所属技术领域技术人员基于其所应具备的知识水平和设计能力，可获知："之间"系方位词，指位于两个物体或部件中间，同一物体或部件应当不存在"之间"。对于本专利而言，该权利要求中出现的"上路导出部"和"上路导出部"系指同一部件，因此"上部导出部"不存在"之间"，传感器亦无法安装在"上路导出部与上路导出部之间"。同时，结合本专利的说明书和附图对涉及该权利要求所涉及的技术方案的描述和图示，所属技术领域技术人员能够确定该权利要求中出现的上述表述方式属于明显的笔误，其唯一且正确的表述应当为"所述传感器（302）安装在上路导出部（3a）与下路导出部（3b）之间"。在作出评价报告时，建议首先指出该明显错误，并给出唯一且正确的表述方式，并按照该唯一且正确的表述方式对权利要求进行检索和评价。

三、权利要求未以说明书为依据

《专利法》第二十六条第四款规定：权利要求书应当以说明书为依据，清楚、简要地限定要求专利保护的范围。

《专利审查指南》（2010）第五部分第十章第3.2节规定：实用新型是否符合《专利法》第二十六条第四款的规定，其评价标准适用本指南第二部分第二章第3.2节的规定。

由以上规定可知，在评价报告中，判断权利要求是否以说明书为依据的标准与发明实审相同。

权利要求书应当以说明书为依据，是指权利要求应当得到说明书的支持。权利要求书中的每一项权利要求所要求保护的技术方案应当是所属技术领域的技术人员能够从说明书充分公开的内容中得到或概括得出的技术方案，并且不得超出说明书公开的范围。在作出评价报告时建议：

（1）当权利要求未以说明书为依据的程度已经造成无法作出有意义的检索时，仅需在评价报告中指出该缺陷并详细说明理由即可。

（2）当权利要求未以说明书为依据的程度不足以造成无法作出有意义的检索时，建议在评价报告中指出权利要求不符合《专利法》第二十六条第四款有关权利要求应当以说明书为依据的规定，同时以当前该权利要求的保护范围为基础作出检索和评价。

下面，对在作出评价报告时可能涉及的权利要求未以说明书为依据的两种典型情况及其处理方式进行介绍。

（一）权利要求中的技术方案在说明书中未记载或记载不一致

对于权利要求中的技术方案在说明书中未记载或记载不一致的情形，需要站位所属技术领域的技术人员，如果一项权利要求所限定的技术方案尽管在说明书中未记载或与说明书记载不一致，但是所属技术领域技术人员根据说明书的记载能够确定权利要求所限定的技术方案是完整的且能够解决本专利要解决的技术问题，则该技术方案实质上得到了说明书的支持。

如果一项权利要求所限定的技术方案在说明书实施例中没有记载或与说明书记载不一致，并且所属技术领域技术人员根据说明书的记载不能确定该权利要求所限定的技术方案，那么该权利要求没有得到说明书实质上的支持，不符合《专利法》第二十六条第四款的规定。

案例 4-21

【案情简介】

本实用新型涉及一种鞋带松紧器，属于鞋带松紧器领域。

【权利要求】

1. 一种鞋带松紧器，其特征在于：其结构包括……

……

9. 根据权利要求1所述的汽车玻璃调光装置，其特征在于：所述第一透明导电膜层与第二透明导电膜层为ITO膜。

【案例分析】

权利要求9引用权利要求1，然而其涉及一种汽车玻璃调光装置，且其限定的附加技术特也与本专利的鞋带松紧器完全无关，也没有记载在本专利的说明书中，所属领域技术人员根据说明书的记载不能确定该权利要求9所限定的技术方案，因此，权利要求9没有得到本专利说明书实质上的支持，不符合《专利法》第二十六条第四款的规定。由于权利要求9未以说明书为依据的程度已经造成无法作出有意义的检索，因此在作出评价报告时，仅需指出权利要求9未以说明书为依据的缺陷并详细说明理由即可。

（二）上位概念概括

对于用上位概念概括的权利要求，如果权利要求的概括使所属技术领域技术人员有理由怀疑该上位概括所包含的一种或多种下位概念不能解决发明要解决的技术问题，并达到相同的技术效果，则应当认为该权利要求没有得到说明书的支持。上位概念概括导致的权利要求不能得到说明书支持时，建议在指出不支持问题的同时，按照说明书中给出的能够解决所要解决的技术问题的上述上位概念的下位概念进行检索和评价。

功能性限定属于上位概括的一种形式。通常，对实用新型专利的权利要求来说，应当尽量避免使用功能特征进行限定。只有在某一技术特征无法用结构特征来限定，或者技术特征用结构特征限定不如用功能特征来限定更为恰当，而且该功能能通过说明书中规定的实验或者操作或者所属技术领域的惯用手段直接和肯定地验证的情况下，使用功能特征才可能是允许的。

功能性特征原则上应当理解为能够实现所述功能的所有实施方式。如果权利要求中限定的功能是以说明书实施例中记载的特定方式完成的，所属技术领域技术人员并不能明了该功能还可以通过其他替代方式实现，或者所属技术领域的技术人员有理由怀疑该功能性限定所包含的一种或几种方式不能解决实用新型所要解决的技术问题，并达到相同的技术效果，则所述功能性特征的使用将导致权利要求得不到说明书的支持。

在由于功能性限定导致权利要求得不到说明书支持的情形下，建议对说明书实施例中记载的实现上述功能的特定方式的技术方案进行检索。

案例 4-22

【案情简介】

本实用新型专利涉及一种投影型显像装置，用于在屏幕上通过利用从光源发射的光形成由显示装置产生的图像，其可以提供光的高效利用并且改善析像能力。背景技术中提及，传统的投影型显像装置设置多种透镜、多个显示装置的单元以及偏振器等，光学结构复杂，光利用效率较低，析像能力较弱。本实用新型为解决上述问题，设计了一种具有特定结构的光折射装置（140）（参见图 4-14），该光折射装置（140）由第一光折射装置（150）、第二光折射装置（160）组成，每个光折射装置（150，160）都包括两个电极板（151，155，161，165）、设置在这两个电极板之间的液晶（153，163）、电压源（157，167）以及开关（159，169），通过第一、第二光折射装置（150，160）的通、断电而使光沿不同的光学路径折射，入射光线的传播路径可被分成 4 个光学路径，即“00”“01”“10”和“11”（参见图 4-15）。在本专利的投影型显像装置中，从光源发射的光线根据每个颜色通过利用光折射装置（150，160）被重新排列，以便根据改变布置的波长区域分离的颜色可以聚焦到屏幕上，使得由成像装置反射的图像在一屏幕（180）上周期地移动，从而，相对一像素的区域可以实现全彩，并且可以改善光的应用效率和析像度。

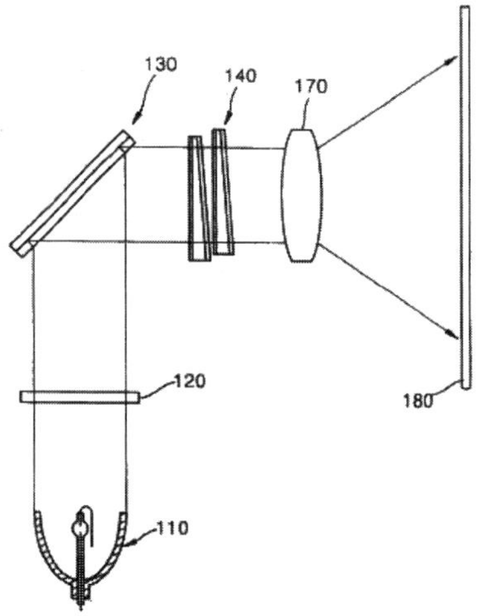

图 4-14　投影型显像装置的光学布置图

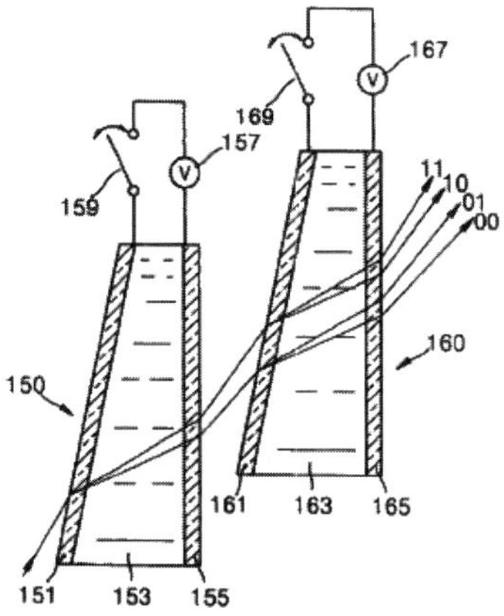

图 4-15　光折射装置的视图

【权利要求】

一种投影型显像装置，包括：用于产生并投射光线的光源（110）；用于偏振和传输由光源发射的光线的偏振装置（120）；用于从入射光产生彩色图像并反射所产生的图像以使其沿与入射光不同的路径传播的反射型成像装置（130）；用于电学式折射被成像装置反射的图像的电学式光折射装置（140），从而由成像装置反射的图像在一屏幕（180）上周期地移动，以改善解析度；以及投影透镜（170），用于放大并传输由电学式光折射装置射出的图像。

【案例分析】

权利要求1保护一种投影型显像装置，其中包含功能性限定的技术特征："用于电学式折射被成像装置反射的图像的电学式光折射装置，从而由成像装置反射的图像在一屏幕上周期地移动，以改善解析度。"该权利要求中限定的功能是以说明书实施例中记载的具有特定结构的光折射装置完成的，即该电学式光折射装置由第一、第二光折射装置组成，每个光折射装置都包括两个电极板、设置在这两个电极板之间的液晶以及电源等，通过第一、第二光折射装置的通、断电而使光沿不同的光学路径折射，从而实现由成像装置反射的图像在一屏幕上周期地移动，并最终达到改善解析度的目的。关于光折射装置，说明书中仅记载了上述这种特定结构的实施例，且通过检索发现，现有技术中虽然存在能够实现图像在一屏幕上周期地移动的光折射装置，但是由于具体结构和原理的不同，并不能改善解析度，也就是说，除了本专利说明书中的特定结构的"光折射装置"，所属技术领域技术人员不能明了改善解析度这一功能可以用说明书中未提到的其他替代方式完成，所以，该权利要求的上述功能性限定的概括是不恰当的。因此，该权利要求没有以说明书为依据，不符合《专利法》第二十六条第四款的规定。

四、独立权利要求缺少必要技术特征

独立权利要求应当从整体上反映发明或者实用新型的技术方案，记载解决技术问题的必要技术特征。

在评价报告中，判断独立权利要求是否缺少必要技术特征的标准与发明专利实质审查相同。

独立权利要求缺少解决发明所要解决的技术问题所必需的技术特征，即独立权利要求的技术方案不能解决发明所要解决的技术问题，则该独立权利要求缺少必要技术特征。必要技术特征是指，发明或者实用新型为解决其技术问题所不可缺少的技术特征，其总和足以构成发明或者实用新型的技术方案，使之区别于背景技术中所述的其他技术方案。判断某一技术特征是否为必要技术特征，应当从所要解决的技术问题出发并考虑说明书描述的整体内容，不应简单地将实施例中的技术特征直接认定为必要技术特征。

当在作出评价报告时，对于缺少必要技术特征的独立权利要求的技术方案，指出独立权利要求缺少必要技术特征并给出详细说理的同时，建议以当前独立权利要求的保护范围为基础进行检索和评价。

案例4-23

【案情简介】

本实用新型专利涉及门窗技术领域，具体是一种漂移窗（参见图4-16）。本专利要解决的技术问题是提供一种关窗时能将窗扇嵌入窗框内，开窗时能将窗扇自动弹出窗框，并在窗框轨道上实现推拉的漂移窗。

本专利说明书中记载的技术手段为：漂移窗包括漂移窗扇1，所述漂移窗扇1安装在连通的左侧窗框2和右侧窗框3内，所述左侧窗框2和右侧窗框3上设置有轨道，漂移窗扇1四角分别通过左上连接件4、右上连接件5、左下连接件6和右下连接件7安装在左侧窗框2和右侧窗框3的轨道上；所述左下连接件6与左上连接件4的结构上下对称；所述左上连接件4包括连接板8，所述连接板8四角设置有用于连接玻璃的安装孔8-1，所述连接板8一侧端部设置有连接杆8-2；连接板8上设置有连杆9，所述连杆9一端通过转轴11安装在连接板8上，另一端设置有与窗框轨道配合的连接凸柱10，所述连接板8设置有轨道槽，连杆9上设置有与轨道槽配合滚轮；所述滚轮通过固定卡扣卡接在连杆9中部；所述转轴11套装有弹簧15，弹簧15一端形成连接钩15-1钩接连杆9，弹簧15的另一端设置成挡杆15-1由转轴11侧边设置的挡柱限位；所述右上连接件是将左上连接件4的连杆9替换为转片17和连柄16构成的曲柄连杆机构，转片17和连柄16之间通过转轴10连接；所述右下连接件7将转片17上的连接凸柱 10 替换为凸轮 19，所述凸轮包括前轮 19-1 和后轮 19-2。弹簧 15 使得上侧的连杆 9 顺时针转动由挡柱限位，当窗扇向窗框内移动时，连接凸柱 10 沿窗框内的轨道移动，带动连杆 9 逆时针转动压缩弹簧 15，由挡柱限位蓄能，并通过执手锁锁死，当执手锁打开时，由弹簧弹力使得漂移窗扇从窗框内弹出。

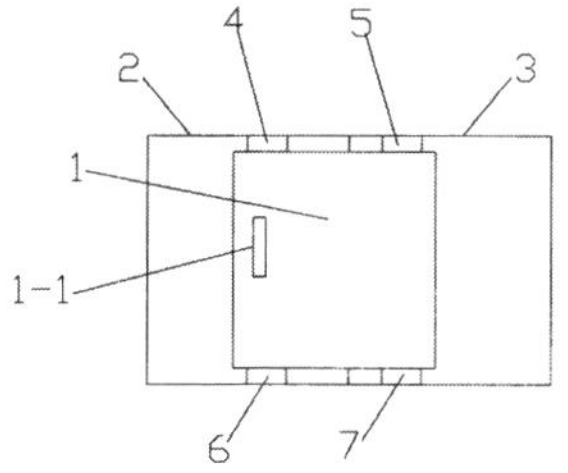

a）漂移窗的结构示意图

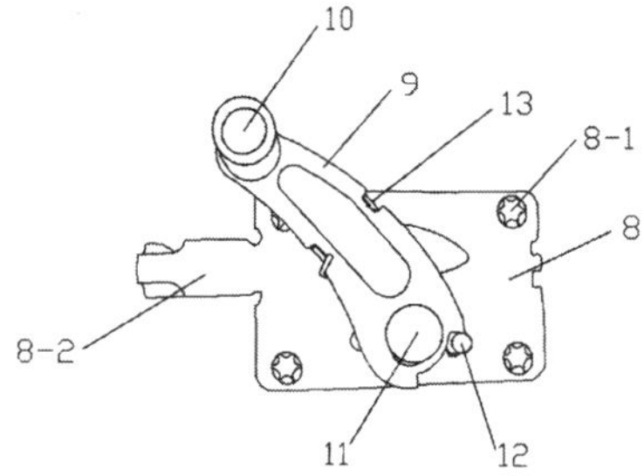

b）左上连接件的结构示意图

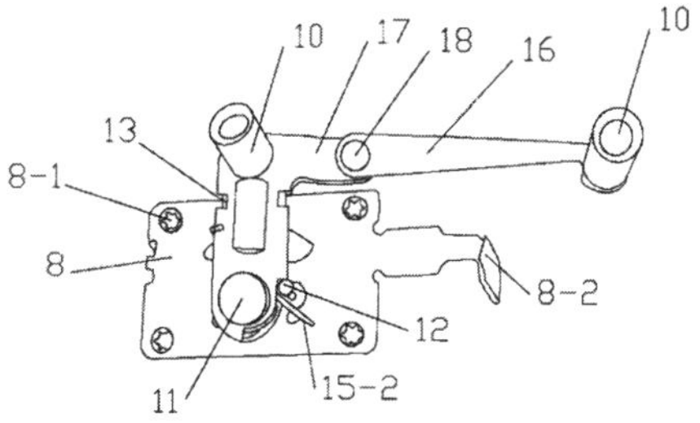

c）右上连接件的结构示意图

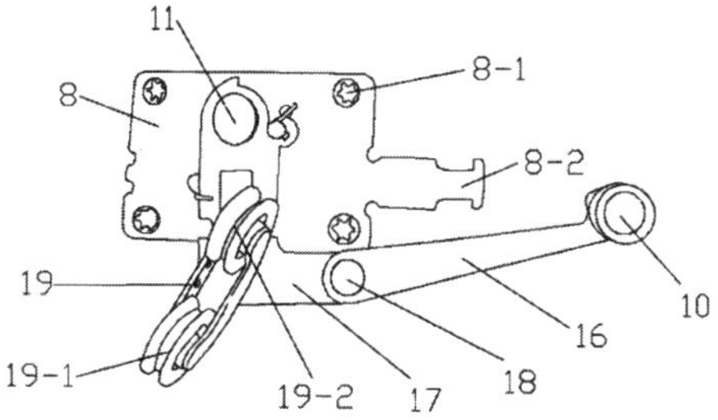

d）右下连接件的结构示意图

图 4-16　本实用新型专利附图

【权利要求】

1. 一种漂移窗，包括漂移窗扇（1），所述漂移窗扇（1）安装在连通的左侧窗框（2）和右侧窗框（3）内，其特征在于，所述左侧窗框（2）和右侧窗框（3）上设置有轨道，漂移窗扇（1）四角分别通过左上连接件（4）、右上连接件（5）、左下连接件（6）和右下连接件（7）安装在左侧窗框和右侧窗框的轨道上。

2. 根据权利要求 1 所述的一种漂移窗，其特征在于：所述左下连接件

（6）与左上连接件（4）的结构上下对称；所述左上连接件（4）包括连接板（8），所述连接板（8）四角设置有用于连接玻璃的安装孔（8-1），所述连接板（8）一侧端部设置有连接杆（8-2）；连接板（8）上设置有连杆（9），所述连杆（9）一端通过转轴（11）安装在连接板（8）上，另一端设置有与窗框轨道配合的连接凸柱（10），所述连接板（8）设置有轨道槽，连杆（9）上设置有与轨道槽配合滚轮；所述滚轮通过固定卡扣卡接在连杆（9）中部；所述转轴（11）套装有弹簧（15），弹簧（15）一端形成连接钩（15-1）钩接连杆（9），弹簧（15）的另一端设置成挡杆（15-1）由转轴（11）侧边设置的挡柱限位；所述右上连接件是将左上连接件（4）的连杆（9）替换为转片（17）和连柄（16）构成的曲柄连杆机构，转片（17）和连柄（16）之间通过转轴（10）连接；所述右下连接件（7）将转片（17）上的连接凸柱（10）替换为凸轮（19），所述凸轮（19）包括前轮（19-1）和后轮（19-2）。

【案例分析】

根据本专利说明书的记载，本专利要解决的技术问题是提供一种关窗时能将窗扇嵌入窗框内、开窗时能将窗扇自动弹出窗框，并在窗框轨道上实现推拉的漂移窗。本专利说明书中记载的窗扇四角的弹性蓄能连接件是解决上述技术问题的必要技术特征，独立权利要求1中仅提及了左上连接件（4）、右上连接件（5）、左下连接件（6）和右下连接件（7）这4个连接件相对于漂移窗扇、左侧窗框和右侧窗框的位置，并未对上述4个连接件的具体结构作出进一步限定，而缺少关于弹性蓄能连接件限定的权利要求的技术方案无法解决本专利的技术问题，从而导致权利要求1缺少必要技术特征。

在作出评价报告时，建议在指出独立权利要求1缺少必要技术特征的同时，对权利要求1-2进行检索和评价。

五、说明书公开不充分

《专利法》第二十六条第三款规定：说明书应当对发明或者实用新型作出清楚、完整的说明，以所属技术领域的技术人员能够实现为准。

《专利审查指南》（2010）第五部分第十章第3.2节规定：实用新型专利的说明书是否按照《专利法》第二十六条第三款的要求充分公开了专利保护的主题，其评价标准适用本书第二部分第二章第2.1节的规定。

可见，在评价报告中，说明书充分公开的评判标准与发明实审并无区别，但评价对象应是针对实用新型专利保护的主题所对应的说明书部分。

需要注意的是，如果说明书对于部分权利要求保护的主题未能充分公开，但对于其他权利要求保护的主题是充分公开的，那么对于其他权利要求仍应进行检索，并在指出该说明书不符合《专利法》第二十六条第三款规定的同时对所有的权利要求保护的主题给出全面的评价意见。

案例4-24

【案情简介】

本实用新型专利是一种变形车，属于玩具设备领域。说明书背景技术中提及现有的变形玩具车结构复杂，不易操作，成本较高。

本实用新型专利的目的在于提供一种方便操作，且结构简单、性价比较高的变形车。说明书具体实施方式的内容与权利要求完全一致。相关附图参见图4-17（A）~（D）。

【权利要求】

一种变形车，包括车轮（1）、主体（2）、转向节（3）、弹簧减震架（4）、保持架（5）、主控电机（6）、驱动马达（7）、防尘罩（8）、连接轴

(9)、角度控制槽（10)、圆盘方向座（11）以及勾形方向座（12)，主体（2）的前后两侧通过转向节（3）与保持架（5）装配在一起，保持架（5）与主体（2）之间的位置安装有弹簧减震架（4)，保持架（5）的两侧安装有车轮（1)，主控电机（6）位于主体（2）内部的右侧位置，主控电机（6）通过齿轮与连接轴（9）安装在一起，主控电机（6）通过连接轴（9）与圆盘方向座（11）装配在一起，圆盘方向座（11）与角度控制槽（10）安装在一起，角度控制槽（10）上开设有槽孔且槽孔与圆盘方向座（11）的两侧固定在一起，通过在传统玩具车添加主控电机（6)，主控电机（6）带动连接轴（9）进行旋转，进而圆盘方向座（11）旋转180度，位于主体（2）前后两侧保持架（5）之间的距离开始变短，进而实现车辆的变形。

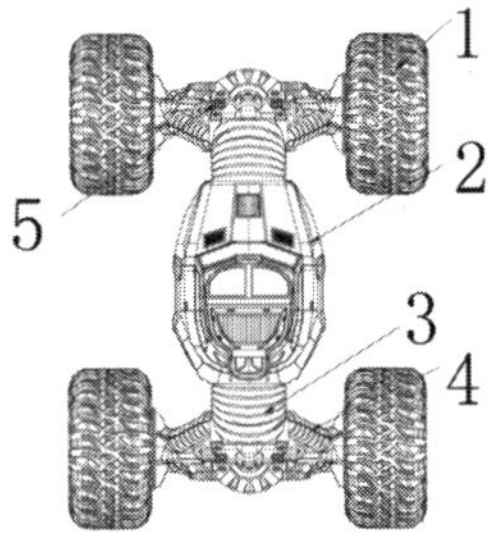

（A）变形车的结构示意图

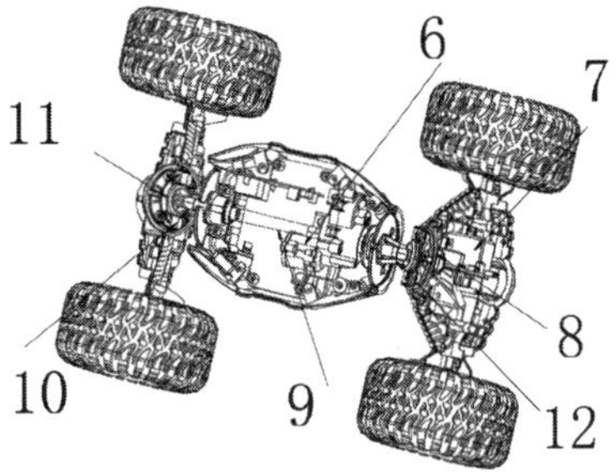

（B）变形车的内部结构示意图

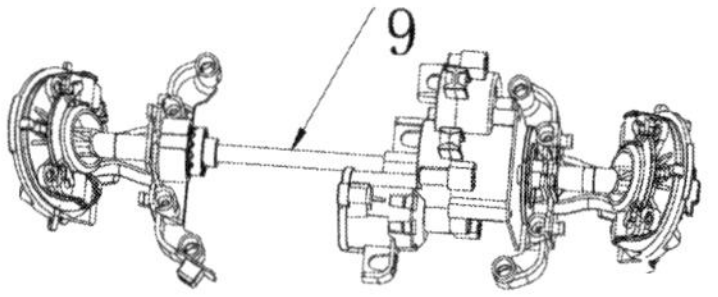

（C）连接轴的安装结构示意图

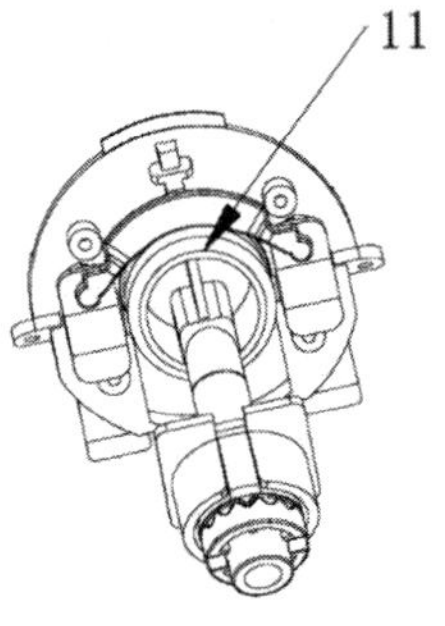

（D）圆盘方向座的安装结构示意图

图4-17　本实用新型专利附图

【案例分析】

根据说明书的记载，本实用新型专利要解决的技术问题是使变形车方便操作、结构简单、性价比较高。因此变形车的变形方式是解决上述技术问题的关键技术内容。根据本专利说明书及相关附图示出的结构，尽管所属技术领域技术人员可以清楚主控电机6、连接轴9、圆盘方向座11、角度控制槽10的连接位置，以及主控电机6带动连接轴9实现旋转的工作过程，然而圆盘方向座11、角度控制槽10并非所属技术领域通用的零件名称，说明书也没有对圆盘方向座11、角度控制槽10的具体结构和/或连接关系作出详细说明，因此，所属领域技术人员基于说明书中记载的上述零件的名称以及连接位置关系，不清楚上述零件的具体结构以及工作原理，不能基于本专利说明书公开的技术内容实现主控电机6带动连接轴9旋转后，使得圆盘方向座旋转180°、进而主体前后两侧保持架之间的距离变短，实现车辆变形。因此，虽然本专利说明书给出了实现变形的技术手段，但对所属技术领域的技术人员来说，该手段是模糊不清的，根据说明书记载的内容无法具体实施，即本专利说明书公开不充分，不符合《专利法》第二十六条第三款的规定。由于实现方便操作的变形是本专利的发明目的，且上述权利要求包含了涉及玩具车变形的关键部件的相关特征，因此，说明书对于上述权利要求保护的主题未能充分公开，在作出评价报告时，需要指出本专利说明书公开不充分并给出详细理由，同时可以指出由于说明书公开不充分导致权利要求得不到说明书的支持。由于说明书对于全部的权利要求保护的主题均未能充分公开，因而无须对权利要求进行检索和评价。

六、修改超范围

在实用新型专利授权前，申请人可能会对申请文件进行修改，对于分案申请，也可能存在相对于母案的修改。因此，在评价报告作出时，应当核实实用新型专利是否超出了原说明书和权利要求书记载的范围或是否超出了原申请记载的范围。

在实用新型专利是否修改超范围的评价中，判断标准与发明实审相同。

对于权利要求存在修改超范围的缺陷时，在评价报告中应指出修改超范围的缺陷，同时，给出合理预期的技术方案，对该合理预期的技术方案进行检索和评价。

第三节　新颖性

一、法律依据和评价原则

《专利法》第二十二条第一款规定：授予专利权的发明和实用新型应当具备新颖性、创造性和实用性。

因此，一件实用新型专利申请具备新颖性是授予其专利权的必要条件之一，也是评价报告必需的审查内容。

《专利法》第二十二条第二款规定：新颖性，是指该发明或者实用新型不属于现有技术；也没有任何单位或者个人就同样的发明或者实用新型在申请日以前向国务院专利行政部门提出过申请，并记载在申请日以后公布的专利申请文件或者公告的专利文件中。

《专利法》第二十二条第五款规定：本法所称现有技术，是指申请日以前在国内外为公众所知的技术。

现有技术包括在申请日（有优先权的，指优先权日）以前在国内外出版物上公开发表、在国内外公开使用或者以其他方式为公众所知的技术。

对现有技术的公开方式无地域限制。

《专利审查指南》（2010）第五部分第十章第 3.2 节中规定：实用新型是否具备《专利法》第二十二条第二款规定的新颖性，其评价标准适用本指南第四部分第六章第 3 节的规定。

《专利审查指南》（2010）第四部分第六章第 3 节中规定：在实用新型专利新颖性的审查中，应当考虑其技术方案中的所有技术特征，包括材料特征和方法特征。实用新型专利新颖性审查的有关内容，包括新颖性的概念、新颖性的审查原则、审查基准、优先权的审查以及不丧失新颖性的宽限期等内容适用本指南第二部分第三章的规定。

根据《专利审查指南》（2010）第二部分第三章的规定，审查实用新型专利的新颖性时，应当根据以下原则进行判断。

（一）同样的发明或者实用新型

被审查的发明或者实用新型专利申请与现有技术或者申请日前由任何单位或者个人向国务院专利行政部门提出申请并在申请日后（含申请日）公布或公告的发明或者实用新型的相关内容相比，如果其技术领域、所解决的技术问题、技术方案和预期效果实质上相同，则认为两者为同样的发明或者实用新型。

在实用新型评价程序中，进行新颖性判断时，首先应当判断实用新型专利的技术方案与对比文件的技术方案是否实质上相同，如果实用新型专利与对比文件公开的内容相比，其权利要求所限定的技术方案与对比文件公开的技术方案实质上相同，所属技术领域的技术人员根据两者的技术方案可以确定两者能够适用于相同的技术领域，解决相同的技术问题，并具有相同的预期效果，则认为两者为同样的发明或者实用新型。

1. 技术方案相同

技术方案相同，首先要求对比文件明确记载或隐含公开了权利要求中对产品的形状、构造或者其结合产生影响的全部技术特征。

案例 4-25

【案情简介】

本实用新型专利提供一种侧吸式油烟机（参见图 4-18），用于解决现有技术中进风口位置离灶台即烟源位置太远、油烟不易被吸附的技术问题，通过将进风口靠近集油杯，即接近烟源设置，以提高油烟机的瞬时气味降低度。

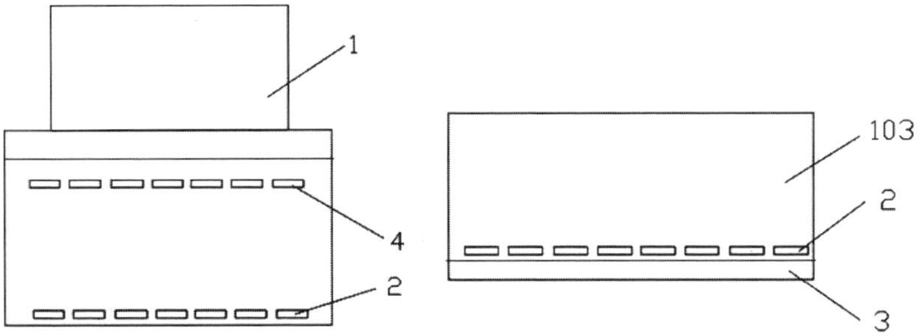

图 4-18　可快速吸附油烟的侧吸式油烟机示意图

【权利要求】

一种可快速吸附油烟的侧吸式油烟机，其特征在于，包括侧吸式机体（1）、第一进风口（2）和集油杯（3），集油杯（3）与机体（1）连接；所述第一进风口（2）位于机体（1）下部，且第一进风口（2）底端与集油杯（3）顶面的距离为 0~150mm。

【现有技术】

对比文件为一种侧吸式抽油烟机（参见图 4-19），其公开了该抽油烟机包括侧吸式机体、第一进风口 10、第二进风口 11 和集油装置 27，集油装置 27 与机体连接；第二进风口 11 位于机体下部，冷凝板 12 的下边沿、第一侧壁 18、第二侧壁 19、集油装置 27 共同围成第二进风口 11。

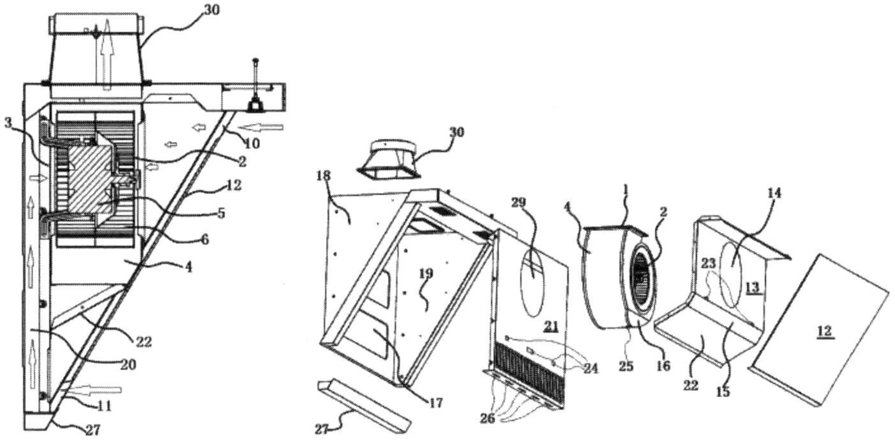

图 4-19 对比文件侧吸式抽油烟机

【新颖性判断】

对比文件中的第二进风口 11 相当于本专利上述权利要求中的第一进风口，集油装置 27 相当于集油杯，而集油装置 27 构成了第二进风口 11 的底端边沿，也就是说，对比文件实际上公开了第二进风口 11 底端与集油装置 27 顶面的距离为 0。因此，对比文件公开的技术方案与本专利上述权利要求保护的技术方案实质相同，所属技术领域的技术人员根据两者的技术方案可以确定两者能够适用于相同的技术领域，解决相同的技术问题，并具有相同的预期效果。因此，权利要求 1 不具备《专利法》第二十二条第二款规定的新颖性。

2. 技术领域在新颖性评价中的考量

对于新颖性的评价，要求所属技术领域的技术人员根据权利要求和对比文件的技术方案可以确定两者能够适用于相同的技术领域。

实用新型的技术领域应当是所保护的实用新型技术方案所属或者直接

应用的具体技术领域。判断时，应当综合考虑包括主题名称等权利要求的全部内容、说明书关于技术领域和背景技术的记载，以及该技术方案所实现的功能和用途等。

在实践操作中，可如下判断实用新型所保护产品的所属技术领域：如果某产品是具有某种特定使用功能的产品，则该产品所属的技术领域是指该产品直接应用于其中的具体技术领域，即应用领域；如果某产品具有通用使用功能，则该产品所属的技术领域是指该产品所属的功能领域。

一般来说，权利要求的主题名称反映了其所保护产品的所属技术领域。基于权利要求主题名称对所属技术领域进行确定，应根据实际情况进行判断：

（1）主题名称中仅包含应用领域，则所属技术领域即为产品的应用领域，如“一种衣物熨烫装置”的所属技术领域为纺织品的熨烫领域。

（2）主题名称中仅包含产品的功能，如果该功能具有可应用于多个不同领域的通用使用功能，则所属技术领域为产品所属的功能领域，例如主题名称为“一种防松螺母”，所属技术领域技术人员根据权利要求的技术方案，可以确定该防松螺母对被连接件的结构无特殊要求，可以应用于有防松需求的任何连接结构中，则所属技术领域应为螺母防松领域，即产品所属的功能领域。

如果该功能根据说明书和权利要求书的技术方案来判断属于某种特定的功能，则所属技术领域为产品的应用领域，例如主题名称为“一种清洁头装置”，且说明书中限定了该清洁头用于清洁玻璃的机器人，且所属技术领域技术人员根据权利要求的技术方案，可以确定该清洁头装置仅能用于玻璃的清洁，则所属技术领域应为玻璃清洁领域，即产品的应用领域。

如果在本权利要求中仅限定了功能领域，而在其他权利要求中记载了具体的应用领域，那么应用于非该具体应用领域的其他应用领域的、具有与本权利要求结构相同的现有技术产品，能够实现与本权利要求相同的功能，则本权利要求的所属技术领域为功能领域。例如：在一项实用新型专利中，第一组权利要求的主题名称为“一种联接结构”，且权利要求中未限定具体应用领域，第二组权利要求的主题名称为“一种具有联接结构的剃须装置”，虽然说明书中记载了该联接结构应用于剃须装置，但是所属技术领域技术人员根据第一组权利要求的技术方案可以确定对其结构无特殊要求，该联接结构以其通用的联接功能可应用于多个领域，则第一组权利要求保护的产品无须限缩至剃须装置领域，其所属技术领域为“联接结构”的功能领域。

（3）主题名称中既包含产品的功能，又包含产品的应用领域，则应对该应用领域是否对产品的形状、构造或者其结合产生影响进行判断。如是，则所属技术领域为产品的应用领域；如否，则所属技术领域为产品所属的功能领域。

3. 用途特征在新颖性评价中的考量

对于主题名称中含有用途特征限定的产品权利要求，其中的用途特征在确定该产品权利要求的保护范围时应当予以考虑，但其实际的限定作用取决于该用途特征是否隐含/导致了其保护的产品具有某种特定形状、构造或者其结合。如果该用途特征没有隐含/导致该产品在形状、构造或者其结合上发生改变，只是对产品的用途或使用方式的描述，则不应在实用新型专利的新颖性评价中予以考虑。

案例 4-26

【案情简介】

在混二元酸和甲醇酯化反应过程中，需要采用甲醇将反应产生的大量的水带出，这样酯化反应工序中会产生大量的含水甲醇——粗醇，现有生产工艺中采用冷凝器先将气相粗醇冷凝成液体，再泵送入甲醇精馏工序将液相粗醇气化精馏得到精甲醇。在粗醇冷凝过程会释放大量的热，须用大量的冷凝水冷却，而液相粗醇进入甲醇精馏釜中还要用大量的热能将之气化才能进行精馏，在这两个过程中会浪费大量的能源。本实用新型专利采用酯化反应釜的气相出口经分离塔连通精馏塔，反应产生的气相粗醇直接进入精馏塔（参见图4-20）进行精馏，然后再经冷凝器冷凝得到高纯度的甲醇液体，避免了现有技术中先冷凝再气化的生产工序。

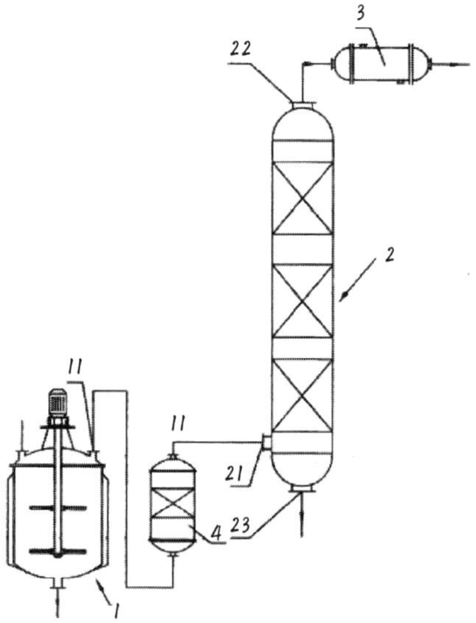

图4-20　甲醇精馏装置结构示意图

【权利要求】

混二元酸二甲酯生产中的甲醇精馏装置，其特征在于：所述精馏装置包括分离塔（4）、精馏塔（2）和冷凝器（3），混二元酸二甲酯酯化反应釜（1）的酯化气相出口（11）通过分离塔（4）连通所述精馏塔（2），冷凝器（3）与所述精馏塔顶部的精馏气相出口（22）连通。

【现有技术】

对比文件为一种用于脂肪酸甲酯的酯化反应装置（参见图4-21），其公开了气体甲醇与脂肪酸从位于串联始端的初级反应釜1底部的初级反应进口 11 进入初级反应釜 1，进行初级反应，初级反应完毕后，未反应的气相甲醇从位于串联末端的初级反应气相出口 13 排出，先经过分离塔 5，将气体甲醇中夹带的液体物料进行分离，然后进入精馏塔 3，在精馏塔 3 内经过蒸馏后进入冷凝器 6 冷凝后返回精馏塔 3 再次进行精馏提纯，浓度较高的气体甲醇从精馏塔 3 顶部出口排出。

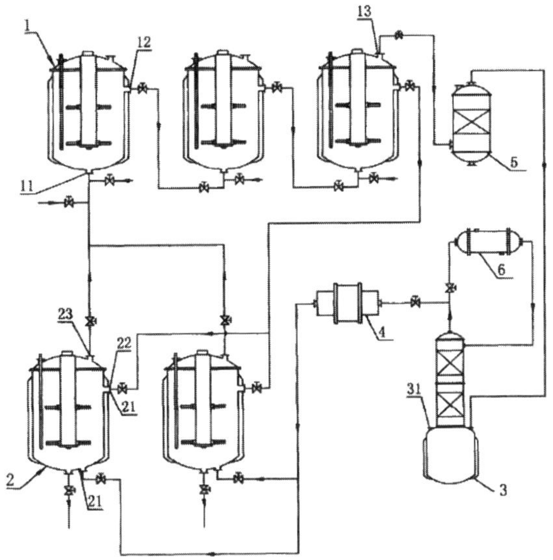

图 4-21　对比文件酯化反应装置

【新颖性判断】

根据对比文件公开内容可知，该对比文件公开了上述权利要求中酯化反应釜的气相出口通过分离塔连通精馏塔，冷凝器与精馏塔顶部的气相出口连通。上述权利要求与对比文件公开的技术方案存在下述字面上的不同：本专利中的精馏装置为混二元酸二甲酯生产中的甲醇精馏装置，且与精馏塔连通的是混二元酸二甲酯酯化反应釜的酯化气相出口；对比文件中的精馏装置用于脂肪酸甲酯的酯化反应中未反应的气相甲醇的精馏，且与精馏塔连通的是初级反应釜的气相出口。然而，二者的精馏装置的对象均为甲醇，仅在甲醇来源方面有所不同；与精馏塔联通的都是反应釜的气相出口，仅在反应釜中发生的反应有所不同。根据所属技术领域技术人员的判断，上述不同未使上述权利要求保护的精馏装置在形状、构造或者其结合上实质性地区别于对比文件的精馏装置。对比文件公开的技术方案与上述权利要求保护的技术方案实质相同，所属技术领域的技术人员根据两者的技术方案可以确定两者能够适用于相同的技术领域，解决相同的技术问题，并具有相同的预期效果。因此，上述权利要求不具备《专利法》第二十二条第二款规定的新颖性。

4. 方法特征或材料特征在新颖性评价中的考量

在实用新型专利新颖性的审查中，应当考虑其技术方案中的所有技术特征，包括材料特征和方法特征。但其实际的限定作用取决于该材料特征和方法特征是否隐含/导致了其保护的产品具有某种特定形状、构造或者其结合。如果该材料特征或方法特征隐含/导致了该产品在形状、构造或者其结合上发生改变，则应在实用新型专利的新颖性评价中予以考虑，否则不应予以考虑。

案例 4-27

参考本书【案例 4-11】，其提供一种移动终端壳体（参见图 4-22），采用已知制备方法模内镶件注塑对固定于壳体本体的半切膜进行限定。

【权利要求】

一种移动终端壳体，其特征在于，包括：

壳体本体（1），具有与所述移动终端的输入输出接口（5）位置对应的孔（2）；

半切膜（3），固定于所述壳体本体（1），具有与所述壳体本体（1）的孔（2）位置对应的半切痕（4）；所述半切膜（3）为模内镶件注塑半切膜。

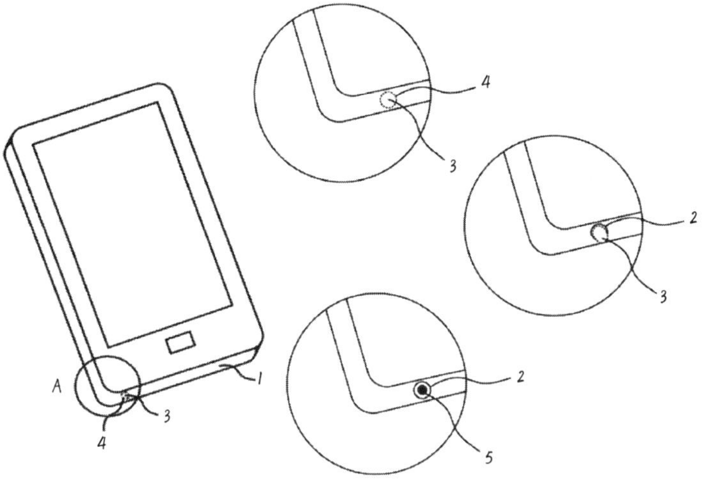

图 4-22　移动终端壳体示意图

【现有技术】

对比文件为一种手机壳（参见图 4-23），其公开了该手机壳包括工程塑料加工所成的机壳 1，机壳上设有耳机插孔 11，所述机壳外表面上覆有将耳机插孔遮住的防护膜 2，所述防护膜上设有由外而内的压断线 21，所述防护膜为 PET 薄膜。且其作用也是将手机壳上的耳机插孔用薄膜封闭，且于耳机插孔在薄膜上的投影区域设计为半断结构，用户使用时很容易就可捅破覆盖在耳机插孔部位的薄膜进而使用耳机；同时对不使用耳机插孔的用户，封闭的耳机孔可以帮助防尘。

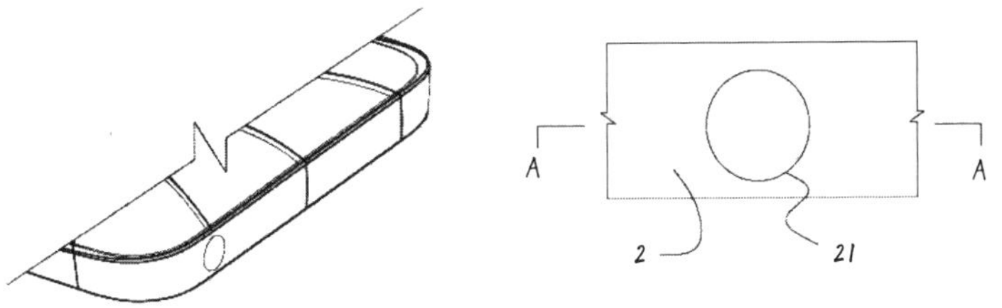

图 4-23　对比文件手机壳示意图

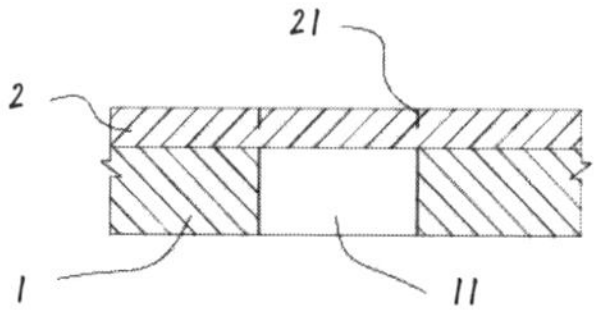

图4-23 对比文件手机壳示意图（续）

【新颖性判断】

本专利权利要求与对比文件公开的技术方案存在下述区别：半切膜（3）为模内镶件注塑半切膜。参考本书【案例4-11】案例分析，由已知制备方法模内镶件注塑“最终生成的膜的表面是一层硬化的透明薄膜，中间是印刷图案层，而背面是塑胶层”，即由模内镶件注塑限定的半切膜使该膜本身具备上述特定的三层结构，其与对比文件公开的PET防护膜不同。因此，上述权利要求相对于对比文件具备《专利法》第二十二条第二款规定的新颖性。

5. 对比文件隐含公开内容的认定

对比文件是客观存在的技术资料，准确认定对比文件公开的技术内容是判断实用新型专利是否具备新颖性乃至创造性的重要环节。该技术内容不仅包括明确记载在对比文件中的内容，而且包括对于所属技术领域的技术人员而言，隐含的且可直接地、毫无疑义地确定的技术内容，即对比文件隐含公开的技术内容。但是，不得随意将对比文件的内容扩大或缩小。另外，对比文件中包括附图的，也可以引用附图。但是，在引用附图时必须注意，只有能够从附图中直接地、毫无疑义地确定的技术特征才属于对比文件公开的内容。

案例 4-28

【案情简介】

本实用新型专利提供一种用于测定人体感官受到刺激后出现反射活动所经历的时间的电子测定仪（参见图 4-24）。受试者按下启动键后，在若干个信号灯中不定时随机地使任一个信号灯发光，仪器记录受试者在看到某一信号灯发光后，正确按下与之相对应的反应键的时间。

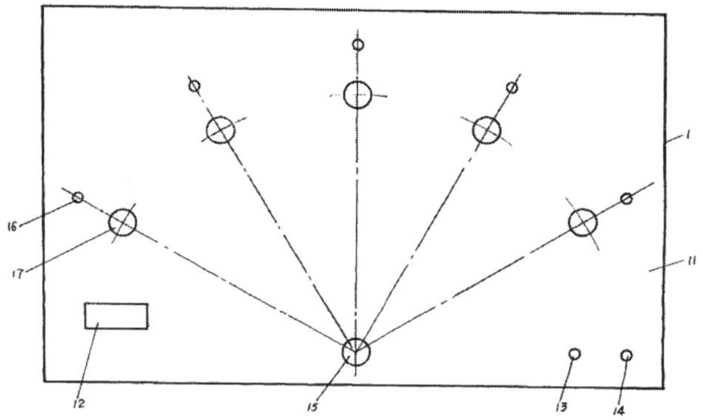

图 4-24　反应时电子测定仪

【权利要求】

一种反应时电子测定仪，包括：外壳（1）和设置其内的电路印制板，其特征是在外壳（1）的面板（11）上设有显示屏（12）、查询键（13）、开关（14）、一个启动键（15）、若干个信号灯（16）和数量相同的反应键（17）；所述启动键（15）与各反应键（17）之间距离相等；所述各信号灯（16）与各反应键（17）位置对应或者直接选用带灯的反应键。

【现有技术】

对比文件是一篇外观设计专利（参见图 4-25），其专利权人与本实用新型专利的专利权人相同，公开了一种反应时电子测定仪，对比文件和本专利的附图在结构布置上基本相同。

对比文件中仅对“起动”“查询”“开关”3个部件有文字说明，其他部件均没有文字说明。基于仪器为电子仪器并实现对反应时进行测定的功能，所属技术领域的技术人员可以直接地、毫无疑义地确定：对比文件公开的反应时电子测定仪包括外壳和设置在其内的电路印制板，在外壳的面板上设有查询键、开关和一个起动键。

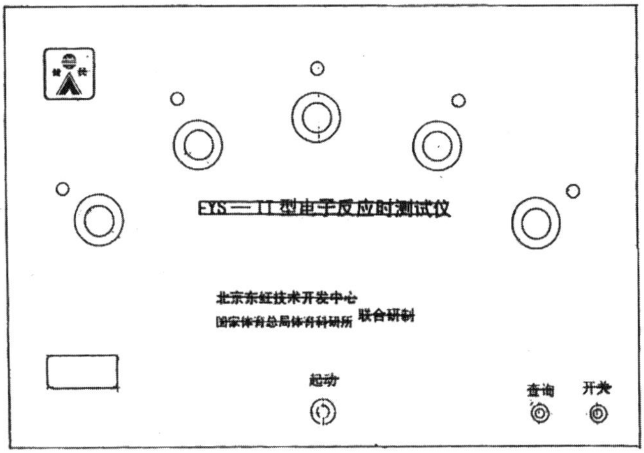

图4-25　对比文件外观设计附图

【新颖性判断】

所属技术领域的技术人员从对比文件的附图中并不能直接地、毫无疑义地确定除“起动”“查询”“开关”之外的其他部件的含义，由附图中推测的内容，或者无文字说明、仅仅是从附图中测量得出的尺寸及其关系，不应当作为对比文件公开的内容。可见，上述权利要求与对比文件相比，存在区别特征：在外壳的面板上还设有显示屏、若干个信号灯和数量相同的反应键，启动键与各反应键之间距离相等，各信号灯与各反应键位置对应或者直接选用带灯的反应键。因此，上述权利要求具备《专利法》

第二十二条第二款规定的新颖性。

（二）单独对比原则

判断实用新型专利的新颖性时，应当将实用新型专利的各项权利要求分别与每一项现有技术或者申请在先公布或公告在后的发明或者实用新型的相关技术内容单独地进行对比，不得将其与几项现有技术的组合、申请在先公布或公告在后的发明或者实用新型内容的组合、或者与一份对比文件中的多项技术方案的组合进行对比。

1. 同一对比文件不同实施例中共同记载了专利权利要求的全部技术特征

对比文件公开的内容中通常具有多个实施例，如不同的实施例分别记载了实用新型专利的权利要求的不同技术特征，多个实施例的组合公开了所述权利要求的全部技术特征，不同实施例能否“组合”评价所述权利要求的新颖性，应具体情况具体分析，遵循单独对比原则。

案例 4-29

【案情简介】

针对传统高清数字视频连接器公插头没有任何锁扣结构，导致线缆重量较大时，会造成相互对插的公母连接器松动，甚至发生退出的现象，从而影响到连接器连接稳定性的技术问题，本实用新型提供一种有效增大对插插拔力的公插头结构（参见图 4-26），提高连接可靠性。

【权利要求】

一种高清数字视频连接器之公插头，包括主体及外包覆主体的屏蔽金属壳，其特征在于：在屏蔽金属壳的对插段表面设有至少一弹性凸扣。

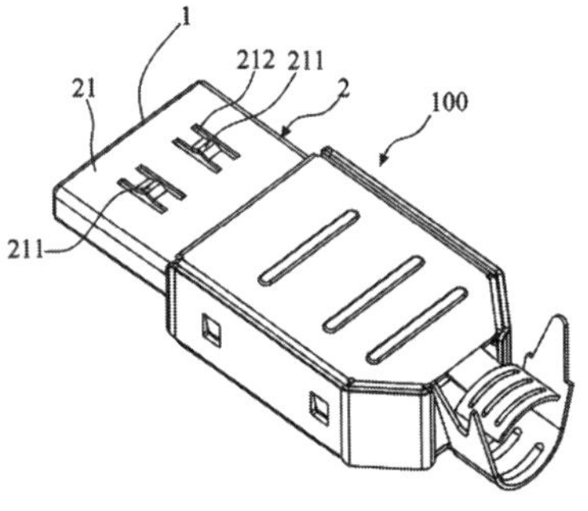

图4-26 本实用新型专利公插头结构示意图

【现有技术】

对比文件为一专利文献，其公开了一种高清晰数字视频接口连接器，用于将高清晰数字视频接口电缆连接到高清晰数字视频接口插座，为一种公插头结构。该对比文件具体实施方式中包含多个实施例，并在说明书中说明各个实施例中同一个技术术语虽然附图标记不同但可以相互替换。

实施例A（参见图4-27）公开了插头100可以包括内部部分180，该内部部分180包括插头终端触点126，其被配置成物理地和电接触对应的典型高清晰多媒体接口插座20的插座端触点26；该内部部分180可以与延伸部120集成一体，可以是独立地连接到延伸部120，或者可以被可移除地固定在延伸部120内。由此可知，实施例A中延伸部120内的内部部分180相当于本专利的主体。

实施例B（参见图4-28）公开了延伸部220可以是被压模或以其他方式形成为预期的形状的金属。

实施例C（参见图4-29）公开了公插头800的延伸部820外表面设有一对弹性突起825，该延伸部820用于与插座20对插，因而实施例C中的延伸部820相当于本专利的对插段，弹性突起825相当于本专利的弹性凸扣。

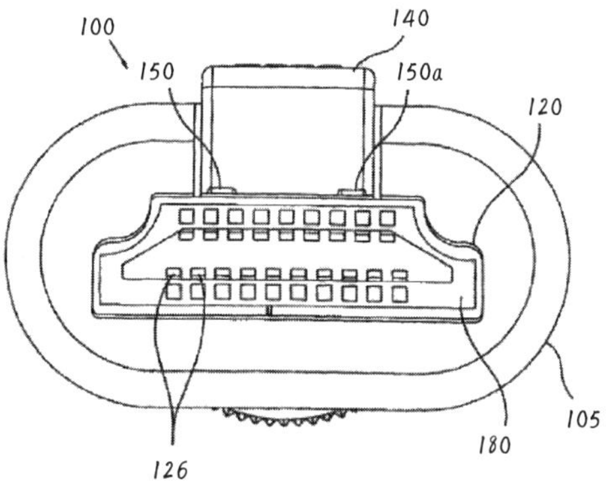

图 4-27　对比文件实施例 A 公插头端视图

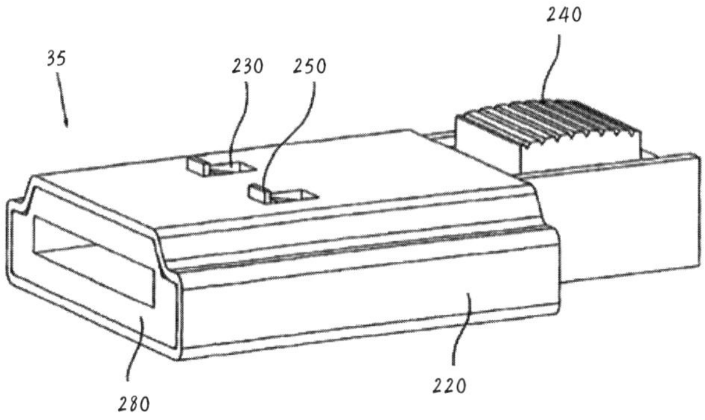

图 4-28　对比文件实施例 B 公插头结构示意图

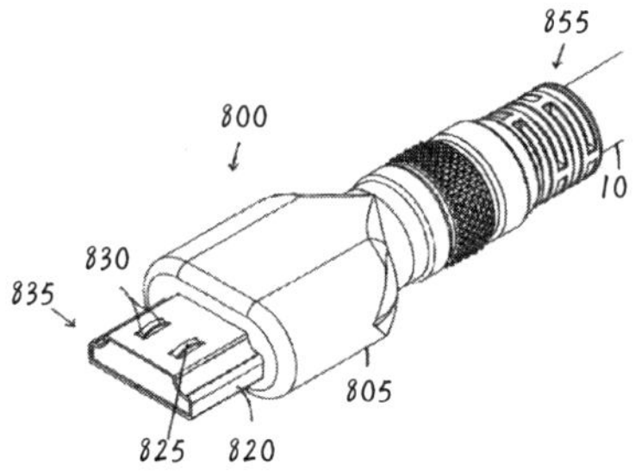

图 4-29　对比文件实施例 C 公插头结构示意图

【新颖性判断】

该对比文件中存在多个实施例，在实施例C中描述了延伸部820和弹性突起825，但未标示出内部部分，相对应的文字描述中也没有提到延伸部的材质，在实施例A和实施例B的对应描述中标示了内部部分和延伸部的材质。由于该对比文件各个实施例之间的不同仅在于插头上与插座可靠配合的突起部的结构，其他结构都是相同的，而且说明书中记载了“各个实施例中同一个技术术语虽然附图标记不同但可以相互替换”。因此，分别记载于实施例A、B中的内部部分和延伸部的材质与实施例C中的延伸部和弹性突起的“组合”是对比文件公开的一个完整技术方案的描述，以此评述本实用新型权利要求的新颖性，符合新颖性的单独对比原则。

案例4-30

【案情简介】

本实用新型专利涉及一种重型越野汽车。

【权利要求】

一种重型越野汽车，它包括驾驶室总成、发动机、底盘、车架、车轮、燃油箱、电瓶箱及制动装置，其特征是：车架上装有油气平衡悬挂装置，全轮驱动结构通过油气平衡悬挂装置安装在车架下面，车架上还装有同步转向装置。

【现有技术及新颖性判断】

对比文件为出版物证据——教科书《汽车构造》。尽管在该证据中可以找到权利要求限定的所有技术特征，但各技术特征记载在全书的不同章节中，是对各种不同类型、型号的汽车的各种不同部件的说明，并非一个完整的技术方案，是一份证据中的多个技术方案的组合，不符合新颖性的单独对比原则。因此，上述权利要求相对于该对比文件具备《专利法》第二十二条第二款规定的新颖性。

2. 对比文件背景技术和具体实施方式的组合公开

对比文件说明书的背景技术部分往往记载一种存在缺陷的技术方案，说明书具体实施方式部分可能是对背景技术所述技术方案的局部改进，也可能是对所述技术方案的整体替换。当为前一种情况时，如说明书中有明确的记载，或者所属技术领域的技术人员能够直接地、毫无疑义地确定对比文件具体实施方式的技术方案是由该局部的改进与背景技术部分的其他技术特征构成，则对比文件背景技术公开的内容可作为说明书具体实施方式技术方案的一部分，二者构成一个完整的技术方案，能够用来评价权利要求的新颖性。否则，二者为独立的两个技术方案，不能够用来评价权利要求的新颖性。

案例 4-31

【案情简介】

本实用新型专利提供一种用于超高压输变电设备中的支柱型空心复合绝缘子，现有技术中空心复合绝缘子通常采用的端头法兰内壁都是圆筒型结构（参见图 4-30）。这种法兰结构的空心复合绝缘子在生产过程中需校准内筒与法兰的相对位置，以保证内筒与法兰的径向间隙要求，但校准时容易出现偏差，从而影响绝缘子的密封性能，导致产品不合格。本实用新型专利（参见图 4-31）通过在法兰上设置有径向内环包容绝缘芯棒内筒端面，径向内环可作为校准绝缘芯棒内筒与法兰的同轴度的直接基准参照物，还可在绝缘芯棒内筒与法兰之间加压 O 型橡胶密封圈，降低了内筒与法兰的同轴校准难度，提高了二者之间的密封强度。

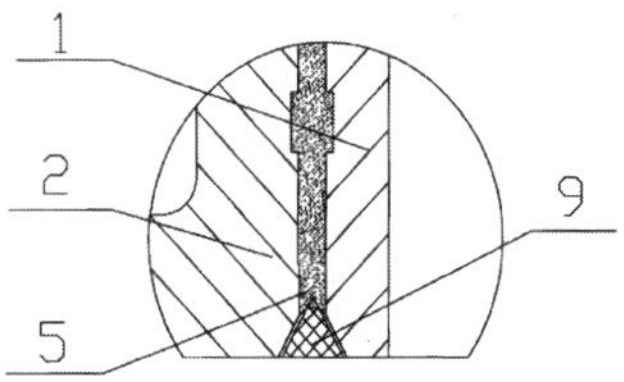

图 4-30　本专利背景技术结构示意图

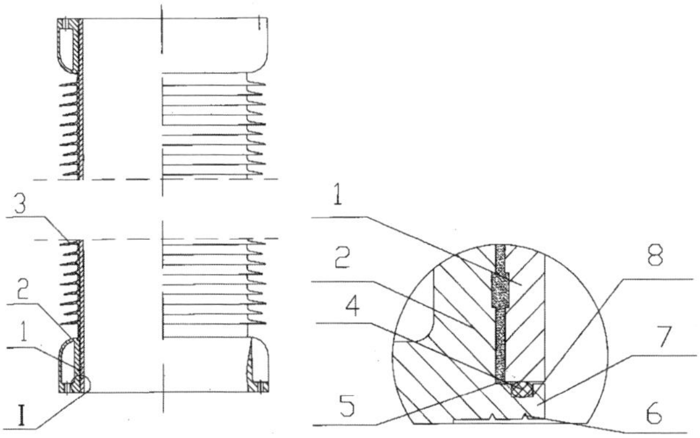

图 4-31　本专利支柱型空心复合绝缘子结构及局部放大示意图

【权利要求】

支柱型空心复合绝缘子，它包括绝缘芯棒内筒（1）、端头法兰（2）、伞套（3），所述的绝缘芯棒内筒（1）插入端头法兰（2）内孔中并同轴套合，其特征是：所述的端头法兰（2）内孔设置有径向内环（7）与绝缘芯棒内筒（1）端面相抵，所述的径向内环（7）的内径与绝缘芯棒内筒（1）内径相等，所述的径向内环（7）的上端面上设置有与端头法兰（2）同轴的轴向凹槽（8），所述的径向内环（7）上的轴向凹槽（8）与绝缘芯棒内筒（1）端面之间压有O型橡胶密封圈（4）。

【现有技术】

对比文件公开了一种高压输变电设备用的空心复合绝缘子（参见图4-32），其说明书背景技术部分记载了传统的空心复合绝缘子包括玻璃钢绝缘管1，以及经高温整体注射到玻璃钢绝缘管1上的硅橡胶伞裙护套2，玻璃钢绝缘管1的上下两端分别套装在上法兰4和下法兰3的轴孔中，下法兰3轴孔内壁和玻璃钢绝缘管1的结合面之间填充有复合环氧树脂5，下法兰3与玻璃钢绝缘管1连接面的终端开三角槽，内设置密封圈6。然而，这种密封技术加工精度要求高，生产效率低。

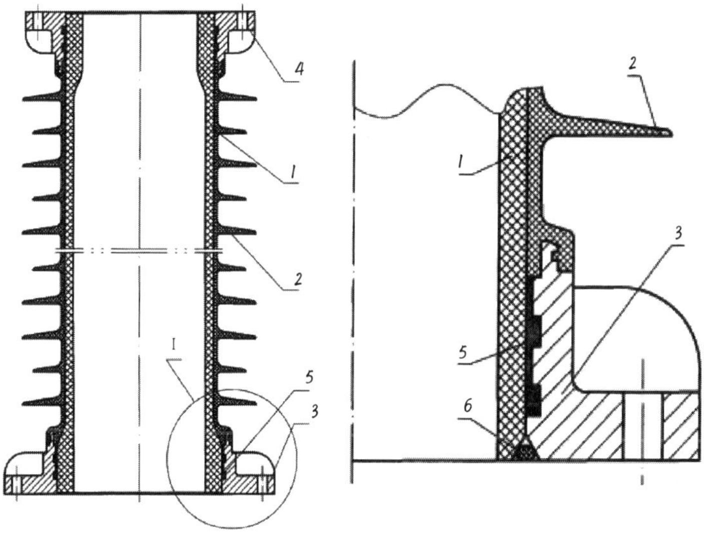

图4-32　对比文件背景技术三角密封结构示意图

为解决该技术问题，对比文件具体实施方式部分对该密封结构进行改进，在下法兰3内孔设置有与玻璃钢绝缘管1端面相抵径向内环，在径向内环上端面上设置有密封凹槽，内设密封圈6用于密封下法兰3与玻璃钢绝缘管1端面，并采用局部视图（参见图4-33）示意改进后的结构。

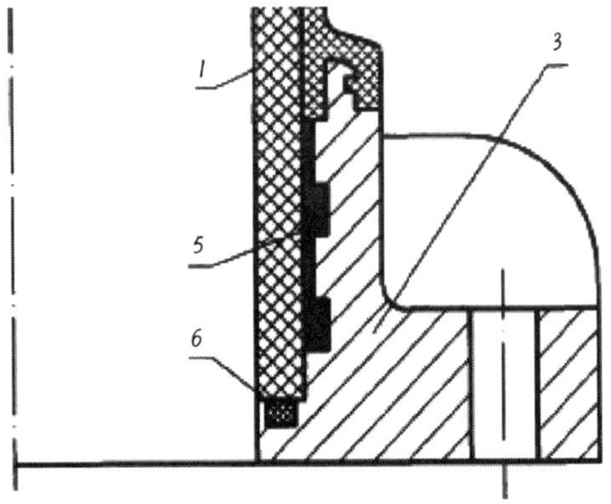

图 4-33　对比文件具体实施方式附图

【新颖性判断】

根据对比文件记载，所属技术领域的技术人员能够直接、毫无疑义地确定，对比文件具体实施方式部分仅是对背景技术中密封结构的局部改进，其他部分仍然采用背景技术中现有的结构，即对比文件背景技术公开的内容为说明书具体实施方式技术方案的一部分，二者结合构成了一个完整的技术方案，本专利权利要求与对比文件技术方案的对比，符合新颖性的单独对比原则。上述权利要求所限定的技术方案与对比文件公开的技术方案实质上相同，所属技术领域的技术人员根据两者的技术方案可以确定两者能够适用于相同的技术领域，解决相同的技术问题，并具有相同的预期效果。因此，上述权利要求不具备《专利法》第二十二条第二款规定的新颖性。

3. 对比文件中引证文献的公开

当对比文件中明确记载的某些技术内容引证了另一篇现有技术文件，且该引证文件的公开日早于该对比文件的公开日时，该引证文件中的相应内容属于该对比文件中隐含的且可直接、毫无疑义地确定的技术内容，即二者构成一个完整的技术方案，能够用于评价权利要求的新颖性。

案例4-32

【案情简介】

本实用新型专利涉及一种包括拖把桶和拖把的清洁工具。权利要求限定为：一种包括拖把桶和拖把的清洁工具，包括拖把杆的具体结构和拖把桶的具体结构。

【现有技术】

对比文件的说明书背景技术中记载了所属技术领域通常采用的旋转拖把的驱动方式，其中之一为其引证的专利文献中记载的手压式旋转拖。对比文件的说明书具体实施方式中拖把桶的结构与本专利权利要求中的拖把桶结构相同，同时还明确记载了其拖把杆具有上述引证的专利文献公开的结构，且该引证专利文献中记载的拖把杆结构与本专利权利要求中拖把杆的结构相同。

【新颖性判断】

该引证的专利文献的授权公告日早于对比文件的公开日，其公开的拖把杆的具体结构，属于对比文件技术方案的组成部分，二者构成一个完整的技术方案，本专利权利要求与对比文件技术方案的对比，符合新颖性的单独对比原则。本案专利权利要求所限定的技术方案与对比文件公开的技术方案实质上相同，所属技术领域的技术人员根据两者的技术方案可以确定两者能够适用于相同的技术领域，解决相同的技术问题，并具有相同的预期效果。因此，上述权利要求不具备《专利法》第二十二条第二款的新颖性。

4. 网络证据的公开

基于互联网时代的发展，评价报告中越来越多地引入网络证据，采用该类证据评价权利要求的新颖性时，应关注证据的独立性，对其是否符合单独对比原则进行判断。

以本书【案例3-10】为例，某技术论坛的讨论帖中涉及该专利保护的产品，讨论帖的1楼、9楼分别公开了相关的外部结构、传动原理，基于不同楼的发帖人、发帖时间的不同，无法认定二者对应于同一产品，不能将二者组合成的讨论帖认定为一项技术方案。因此，该权利要求相对于该技术论坛中公开的讨论帖具备《专利法》第二十二条第二款规定的新颖性。

如果通过某电商的产品介绍页获得某专利产品的外部结构，由生产厂家获得该产品在该专利申请日前即已公开的使用说明书，且有证据表明，二者对应同一产品，能够认定产品的唯一性，则二者构成同一技术方案，可以用于评价权利要求的新颖性。

二、新颖性的评价

对于评价报告来说，无论其权利要求是否具备新颖性，均需在评价报告中说明具体理由。以下给出评价过程作为参考。

（1）指出权利要求保护的主题。

（2）指出对比文件披露的相关技术内容（包括隐含公开的技术内容），以及该相关技术内容在对比文件的具体出处。同时，应当说明对比文件所公开的技术特征与权利要求中的技术特征的对应关系，即进行“特征对比”；如果与权利要求的技术特征相比，对比文件所公开的内容仅是采用的术语不同，但实际上是相同的技术特征，在新颖性评述过程中建议采用类似于“对比文件公开了特征A′（相当于该权利要求的特征A）”的评述来体现。

（3）在特征对比的基础上，进行技术方案上的整体判断。

如果权利要求的技术方案与对比文件公开的技术方案实质上相同，且两者适用的技术领域、解决的技术问题以及预期效果实质上相同，则可得出“权利要求相对于对比文件不具备《专利法》第二十二条第二款规定的新颖性”的结论。

如果权利要求的技术方案与对比文件公开的技术内容相比存在区别特征，则在此基础上可得出“权利要求相对于对比文件具备《专利法》第二十二条第二款规定的新颖性”的结论。

对于从属权利要求，如果其引用的权利要求不具备新颖性，同时该从属权利要求的附加技术特征被同一份对比文件的同一个技术方案所公开，则可得出该从属权利要求不具备新颖性。评述时，通常建议先写明该从属权利要求引用了某在先权利要求，再指出在被引用的权利要求具备或不具备新颖性的基础上，该从属权利要求也具备或不具备新颖性。从属权利要求的评价可以根据情况来合并评述。

【评价意见示例】

1. 权利要求具备新颖性

权利要求 1 保护一种产品 A。对比文件 1 公开了一种产品 A，并具体公开了以下技术特征（参见对比文件 1 说明书第 m~n 段、附图 k）：产品 A 包括部件 B′（相当于该权利要求的部件 B），部件 C′（相当于该权利要求的部件 C）。

该权利要求与对比文件 1 公开的产品 A 相比，存在如下区别特征：该产品 A 还包括部件 D。因此，权利要求 1 相对于对比文件 1 具备《专利法》第二十二条第二款规定的新颖性。

权利要求 2~10 是权利要求 1 的从属权利要求，在权利要求 1 具备新颖性的情况下，权利要求 2~10 也具备《专利法》第二十二条第二款规定的新颖性。

2. 权利要求不具备新颖性

权利要求1保护一种产品A。对比文件1公开了一种产品A，并具体公开了以下技术特征（参见对比文件1说明书第m～n段、附图k）：产品A包括部件B′（相当于该权利要求的部件B），部件C′（相当于该权利要求的部件C）。由此可见，该权利要求与对比文件1公开的产品A相比，其权利要求所限定的技术方案与对比文件公开的技术方案实质上相同，所属技术领域的技术人员根据两者的技术方案可以确定两者能够适用于相同的技术领域，解决相同的技术问题，并具有相同的预期效果，因此，权利要求1相对于对比文件1不具备《专利法》第二十二条第二款规定的新颖性。

权利要求2是权利要求1的从属权利要求，对比文件1进一步公开了如下技术特征：产品A包括部件D′（相当于该权利要求的部件D）。因此，在其引用的权利要求1不具备新颖性的基础上，从属权利要求2相对于对比文件1也不具备《专利法》第二十二条第二款规定的新颖性。

三、抵触申请

根据《专利法》第二十二条第二款的规定，在发明或者实用新型新颖性的判断中，由任何单位或者个人就同样的发明或者实用新型在申请日以前向国务院专利行政部门提出并且在申请日以后（含申请日）公布的专利申请文件或者公告的专利文件损害该申请日提出的专利申请的新颖性。为描述简便，在判断新颖性时，将这种损害新颖性的专利申请文件或者专利文件，称为抵触申请。

在确定是否是抵触申请时，不仅要查阅在先专利或专利申请的权利要求书，而且要查阅其说明书（包括附图），应当以其全文内容为准。

针对实用新型专利，在先申请构成抵触申请需要满足4个条件。

一是对主体的要求。根据《专利法》的规定可知，作为抵触申请的在先申请的申请人可以是任何单位或者个人。

二是时间性条件。只有在实用新型专利的申请日前（不含申请日，有优先权的，指优先权日，以下同）提出申请，并在实用新型专利的申请日后（含申请日）公布或公告的在先申请才可能构成抵触申请。

三是在先申请国别和/或地区的要求。构成抵触申请的在先申请必须是向国家知识产权局提出的专利申请。PCT 国际专利申请在进入中国国家阶段后，与直接在我国提出的专利申请具有同等效力。国际申请日在实用新型专利申请日之前，中国国家阶段公开日在实用新型专利申请日之后的 PCT 国际申请可以作为实用新型专利的抵触申请。

四是对内容的要求。在先申请应当包含与实用新型专利同样的发明或实用新型，发明和实用新型专利/专利申请之间可以互为抵触申请，但外观设计专利与实用新型专利保护的客体不同，因此，外观设计专利不能构成实用新型专利的抵触申请。

在采用抵触申请来评价权利要求不具备新颖性时，首先应当对对比文件构成抵触申请的条件进行说明，然后再按照不具备新颖性的评价方式进行评价。

案例 4-33

【案情简介】

现有连接器的接线通常采用现场焊接，并需要胶水固定端子，操作不便且作业效率低。对此，本实用新型专利提供一种无须现场焊接且无须胶水即可固定端子的导线接头（参见图 4-34）。本专利的申请日为 2015 年 8 月 16 日。

【权利要求】

一种导线接头，包括端子（10）和胶头（8），其特征在于：还包括定位芯（9），导线压接于端子（10），端子（10）以插接方式固定连接于定位芯（9），定位芯（9）以插接方式固定连接于胶头（8）。

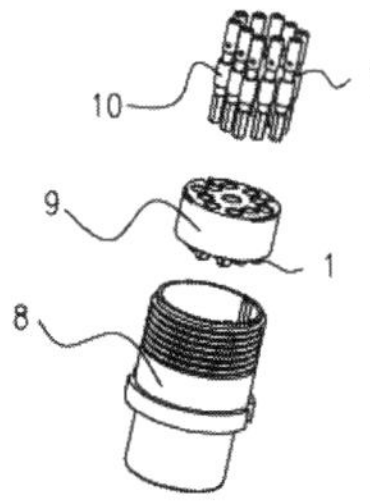

图 4-34　本实用新型专利导线接头分解示意图

【对比文件】

对比文件为 PCT 国际专利申请进入中国国家阶段的公开文本，其国际申请日为 2014 年 6 月 5 日，国际公开日为 2015 年 12 月 20 日，中国国家阶段的公开日为 2016 年 6 月 23 日。该对比文件涉及一种电连接器（参见图 4-35），并具体公开了其包括壳体 10、端子保持件 30、接触端子 40，电缆 60 压接于接触端子 40，每个接触端子 40 以插接方式固定连接于端子保持件 30 中，端子保持件 30 通过其上的接合闩 31，适配到壳体 10 上的接合凹部 11 中，以便将端子保持件 30 锁定在壳体 10 中。

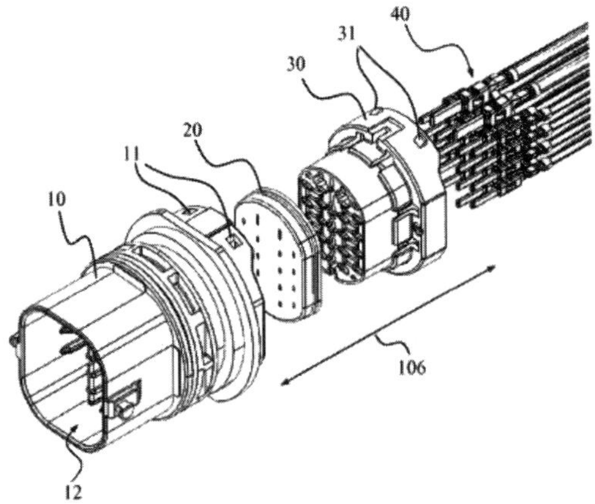

图 4-35　对比文件电连接器分解立体正视图

【新颖性判断】

对比文件是一件在本专利的申请日之前向国际申请受理局提交的，并且在本专利的申请日后进入中国国家阶段并由国家知识产权局作出公布的发明的国际专利申请，且其公开了本专利权利要求的全部技术特征，所属技术领域的技术人员根据两者的技术方案可以确定两者能够适用于相同的技术领域，解决相同的技术问题，并具有相同的预期效果。因此，该对比文件构成了本专利权利要求的抵触申请，能够影响该权利要求的新颖性。

【评价示例】

对比文件1是一件由申请人×××在本实用新型专利的申请日之前向国际申请受理局提交的，并且在本实用新型专利的申请日后进入中国国家阶段并由国家知识产权局作出公布/公告的发明/实用新型的国际专利申请。

本专利权利要求1保护一种导线接头，对比文件1公开了一种电连接器，具体公开了如下的技术特征（参见说明书第×××段、附图×××）：该电连接器包括壳体10（相当于该权利要求的胶头）、端子保持件30（相当于该权利要求的定位芯）、接触端子40（相当于该权利要求的端子），如图×××所示，电缆60（相当于该权利要求的导线）压接于接触端子40，每个接触端子40以插接方式固定连接于端子保持件30；端子保持件30插入壳体10中时，端子保持件30通过其上的接合闩31适配到壳体10的接合凹部11中，以便将端子保持件30锁定在壳体10中，即端子保持件30以插接方式固定连接于壳体10。可见，对比文件1公开了权利要求1的全部技术特征，对比文件1所公开的技术方案与权利要求1的技术方案相同，所属技术领域的技术人员根据两者的技术方案可以确定两者能够适用于相同的技术领域，解决相同的技术问题，并具有相同的预期效果。因此，该对比文件构成了权利要求1的抵触申请，从而使权利要求1不具备

《专利法》第二十二条第二款规定的新颖性。

四、惯用手段的直接置换

《专利审查指南》（2010）第二部分第三章第3.2.3节规定：如果要求保护的发明或者实用新型与对比文件的区别仅仅是所属技术领域的惯用手段的直接置换，则该发明或者实用新型不具备新颖性。例如，对比文件公开了采用螺钉固定的装置，而要求保护的发明或者实用新型仅将该装置的螺钉固定方式改换为螺栓固定方式，则该实用新型不具备新颖性。

在"惯用手段的直接置换"判断过程中，应着重考虑置换涉及的相关技术手段是否属于所属技术领域用于解决某一相同技术问题而惯常采用的技术手段；是否可以直接进行置换，而不需要对组成技术方案的其他部分作出适应性改变，也不会对其他部分产生不同的技术影响；置换后产生的技术效果是否相同。

如果置换涉及的相关技术手段不属于所属技术领域用于解决同一技术问题而惯常采用的技术手段，或者置换需要对组成技术方案的其他部分作出改变，或者置换对其他部分产生了不同的技术影响，或者置换后产生的整体技术效果改变，则一般不应认定这种置换属于惯用手段的直接置换。

第四节　创造性

在审查和司法实践中，创造性是实用新型专利权评价的重要内容。本章将从创造性评价的法律依据及概念解析、最接近现有技术的选取、区别特征及实际解决的技术问题的认定、技术启示的判断以及现有技术的数量对创造性的影响等方面进一步明晰与实用新型专利创造性评价相关的内容。

一、法律依据及相关概念解析

（一）法律依据

《专利法》第二十二条第三款规定：创造性，是指与现有技术相比，该发明具有突出的实质性特点和显著的进步，该实用新型具有实质性特点和进步。

《专利审查指南》（2010）第四部分第六章第 4 节规定：

在实用新型专利创造性的审查中，应当考虑其技术方案中的所有技术特征，包括材料特征和方法特征。

实用新型专利创造性审查的有关内容，包括创造性的概念、创造性的审查原则、审查基准以及不同类型发明的创造性判断等内容，参照本指南第二部分第四章的规定。

但是，根据《专利法》第二十二条第三款的规定，发明的创造性，是指与现有技术相比，该发明具有突出的实质性特点和显著的进步；实用新型的创造性，是指与现有技术相比，该实用新型具有实质性特点和进步。因此，实用新型专利创造性的标准应当低于发明专利创造性的标准。

两者在创造性判断标准上的不同，主要体现在现有技术中是否存在“技术启示”。在判断现有技术中是否存在技术启示时，发明专利与实用新型专利存在区别，这种区别体现在下述两个方面。

1. 现有技术的领域

对于发明专利而言，不仅要考虑该发明专利所属的技术领域，还要考虑其相近或者相关的技术领域，以及该发明所要解决的技术问题能够促使所属技术领域的技术人员到其中去寻找技术手段的其他技术领域。

对于实用新型专利而言，一般着重于考虑该实用新型专利所属的技术领域。但是现有技术中给出明确的启示，例如现有技术中有明确的记载，促使本领域的技术人员到相近或者相关的技术领域寻找有关技术手段的，可以考虑其相近或者相关的技术领域。

2. 现有技术的数量

对于发明专利而言，可以引用一项、两项或者多项现有技术评价其创造性。

对于实用新型专利而言，一般情况下可以引用一项或者两项现有技术评价其创造性，对于由现有技术通过“简单的叠加”而成的实用新型专利，可以根据情况引用多项现有技术评价其创造性。

《专利审查指南》（2010）第二部分第二章第2.2.2节规定：发明或者实用新型的技术领域应当是要求保护的发明或者实用新型技术方案所属或者直接应用的具体技术领域，而不是上位的或者相邻的技术领域，也不是发明或者实用新型本身。该具体的技术领域往往与发明或者实用新型在《国际专利分类表》中可能分入的最低位置有关。

《专利审查指南》（2010）第二部分第七章第5.3节规定：所属技术领域是根据权利要求书中限定的内容来确定的，特别是根据明确指出的那些特定的功能和用途以及相应的具体实施例来确定的。审查员确定的表示发明信息的分类号，就是申请的主题所属的技术领域。功能类似或应用类似的技术领域是根据申请文件中揭示出的申请的主题所必须具备的本质功能或者用途来确定，而不是只根据申请的主题的名称，或者申请文件中明确指出的特定功能或者特定应用来确定。

（二）相关概念解析

1. 创造性的概念

对于实用新型专利与发明专利，创造性概念中的现有技术及所属技术领域的技术人员的定义是相同的，但在创造性的满足条件上存在差异，发明专利要求具有突出的实质性特点和显著的进步，而实用新型专利要求具有实质性特点和进步。

2. 技术领域

实用新型专利创造性的标准应当低于发明专利创造性标准。在判断现有技术中是否存在“技术启示”时，发明专利与实用新型专利的区别主要体现在现有技术的领域和现有技术的数量两个方面。现有技术的领域包括所属技术领域、相近或相关的技术领域以及其他技术领域。在实用新型专利创造性判断时，着重考虑的是所属技术领域，在有“明确的启示”的情况下，可以考虑相近或相关的技术领域中的现有技术。

（1）所属技术领域

实用新型专利的所属技术领域一般是指实用新型的权利要求所保护的技术方案所属的功能领域或者直接应用的具体技术领域。判断时，应当综合考虑包括主题名称等权利要求的全部内容、说明书关于技术领域和背景技术的记载，以及该技术方案所实现的功能和用途等，特别是要考虑明确指出的那些特定的功能和用途以及相应的具体实施例。

需要注意的是，国际专利分类号只是确定技术领域的参考因素而非决定性因素，所属分类号不同的现有技术仍有可能属于相同的技术领域，在具体判断时，仍应着眼于技术方案所实现的功能和用途来综合判断。

在实践操作中，可如下判断所属技术领域：

如果某产品是具有某种特定使用功能的产品，则该产品所属的技术领域是指该产品直接应用于其中的具体技术领域。

如果某产品是具有通用使用功能的产品，则该产品所属的技术领域是指该产品所属的功能领域。

（2）相近或相关的技术领域

相近的技术领域一般是指与实用新型专利的使用功能相近的领域。相关技术领域一般是指实用新型专利产品组件的功能所属的技术领域或产品使用功能能够被直接应用的具体技术领域。判断时应根据专利文件揭示出的主题所必须具备的本质功能或者用途来确定，而不是只根据权利要求的主题名称，或者专利文件中明确指出的特定功能或者特定应用来确定。

在实践操作中，可如下判断相近或相关的技术领域：

如果某产品是具有某种特定使用功能的产品，则该产品相近的技术领域是指与该产品的使用功能相近的技术领域。

如果某产品是具有通用使用功能的产品，则该产品相近的技术领域是指与该通用使用功能相近的技术领域。

如果某产品是具有某种特定使用功能的产品，该产品相关的技术领域是指构成该产品的组成部件的功能所属的技术领域。

如果某产品是具有通用使用功能的产品，该产品相关的技术领域是指该通用使用功能能够被直接应用于其中的具体的技术领域。

案例4-34

【案情简介】

本实用新型专利涉及一种握力计，尤其是一种数字显示式握力计，其中握力计是检测人手握力的计量器具（参见图4-36）。国际专利分类号为G01L1/22。

【权利要求】

一种握力计，具有：外握柄（1），安装于外握柄（1）内的内握柄（2），与内握柄（2）连接的测力传感器（6）以及装于外壳（5）内的检测显示装置（7、8），其特征是，上述的测力传感器（6）是具有多个凸台的弹性体梁，上述的测力传感器（6）通过握距调整装置（4）与上述内握柄（2）连接。

【现有技术】

对比文件1公开一种数字显示式体力测定器，用于测定握力，包括：

外壳1，安装于外握柄3内的内握柄2，与内握柄2连接的测力传感器5~12以及检测显示装置，上述的测力传感器5~12通过握距调整装置与上述内握柄2连接（参见图4-37）。国际专利分类号为A61B5/22。

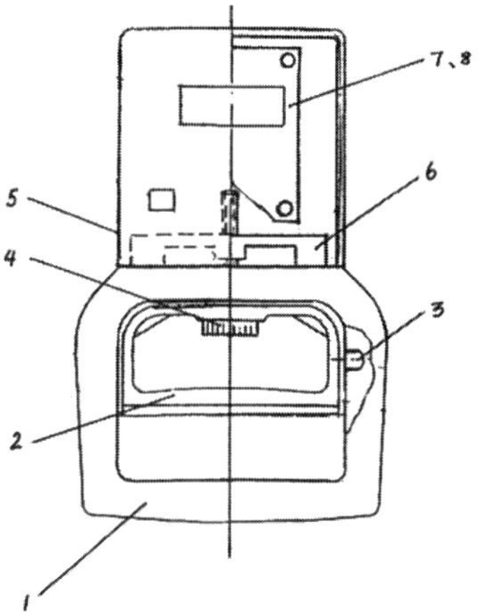

图4-36　本实用新型专利结构示意图

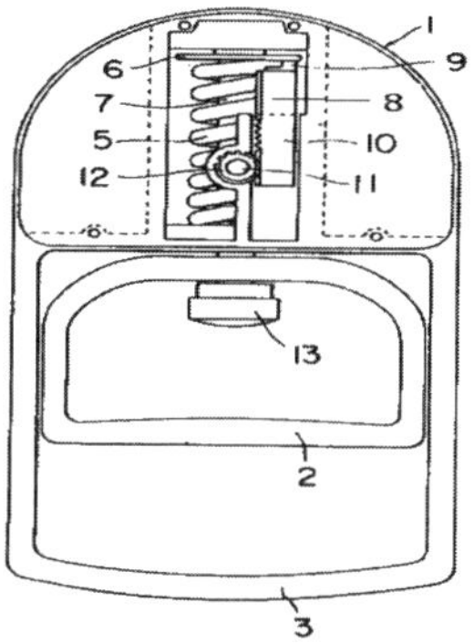

图4-37　对比文件1结构示意图

对比文件2公开了一种手提式数字显示电子秤，用于计量，包括壳体1、显示屏2、称重挂钩3、开关4、挂环5、吊带6和称重传感器10（参见图4-38）。国际专利分类号为G01G3/13。

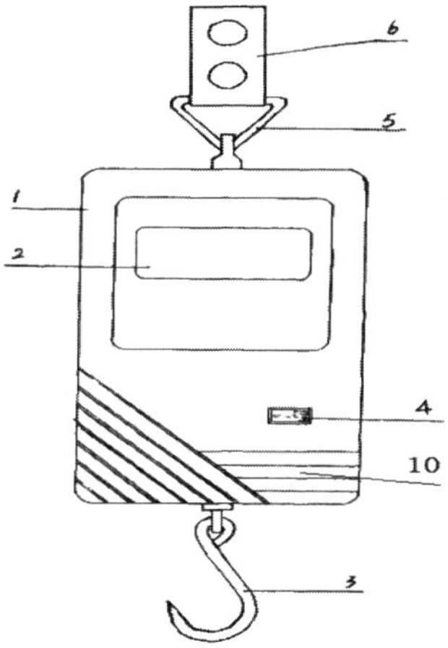

图4-38　对比文件2结构示意图

【技术领域判断】

本实用新型专利保护一种握力计，国际专利分类号为 G01L1/22，该分类号的定义为：利用电阻应变仪，通过测量固体材料或导电流体欧姆电阻变化来测量力，技术功能属于测力装置，具体用途为测人手的握力。

对比文件 1 公开了一种体力测定器，用于测定握力，国际专利分类号为 A61B5/22，该分类号的定义为：通过测量力来进行医学诊断。虽然从分类号看本专利与对比文件 1 二者不是相同的技术领域，但通过阅读对比文件 1 公开的内容可知，对比文件 1 同样涉及如何测量人手的握力，与本专利的技术方案的具体用途相同，而且也是通过机械结构的位移变化产生电信号变化，与本专利的实现原理相同，且在功能上也是一种测力装置，因而对比文件 1 与本专利属于相同的技术领域。

对比文件 2 涉及一种电子秤，国际专利分类号为 G01G3/13，该分类号的定义为：应用受压力或张力时产生的压电或压阻性质进行称量的称量仪器，如弹簧秤。虽然握力计和电子秤都是测力装置，但二者分别具有不同的特定用途。同时，重力和人手的握力相比较，施力对象不同，施力方向也不同，重力单纯向下，人手的握力不是单纯向下而是从四周向中心，二者用途不同，不属于相同的技术领域。但本专利与对比文件 2 的测力传感器的测力原理基本相同，重力测量器与握力测量器使用功能相近，可以将对比文件 2 的所属技术领域视为本专利的相近技术领域。

案例 4-35

【案情简介】

本实用新型专利涉及一种使用电磁加热装置的电热水壶。

【权利要求】

一种电热水壶，包括壶体、内胆和底座，其特征在于，还包括设置在底座上的电磁装置，所述电磁装置用于在通电时产生变化的磁场，从而在导体结构中形成涡电流，进而加热内胆中盛放的水。

【技术领域判断】

所属技术领域：对于电热水壶来说，其具有将水烧开的特定使用功能，其为煮水器具领域的一个典型应用，因此煮水器具领域为电热水壶所属的技术领域。

相近的技术领域：对于电热水壶来说，相类似的使用电加热方式将饭煮熟的电饭锅属于与电热水壶相近的技术领域的产品，则电饭锅所属的技术领域即煮饭器皿领域为电热水壶相近的技术领域。

相关的技术领域：对于电热水壶来说，由于电热水壶采用了电磁加热装置，则电磁加热装置所属的电磁加热领域就属于其相关的技术领域。

（3）属于相近或相关技术领域的典型情形

除了可以通过上述方式进行相近或相关技术领域的判断，在审查和司法实践中，通常存在的以下三种典型情形可以对相近或相关技术领域的判断起到辅助作用。

1）所属领域技术人员容易获知技术领域之间关联性

针对一项实用新型专利，所属技术领域的技术人员基于对现有技术的了解，容易列举出与本专利产品功能和用途类似的替代产品、相配合使用的产品、上下游产品、常规配件等，如传动皮带与传动链条为功能和用途相近的可替代产品，茶壶和茶杯为相配合使用的产品，棉纱为布匹的上游产品，手机芯片为手机的常规配件，这些产品的技术领域的关联性是所属领域的技术人员容易获知的，则这些产品的技术领域可划分为相近或相关技术领域。此外，所属技术领域的技术人员对组成产品的核心组件的相关技术一般也比较熟悉，在设计、改进产品时会予以特别关注，因而各核心组件所属的功能领域以及所应用的领域都可能作为相近或相关的技术领域予以考虑。例如，电热水壶的核心组件为电加热装置，则电加热装置就是电热水壶相关的技术领域，而电热水壶用于加热水，因此同样采用电加热装置加热食物的电饭锅与电热水壶就属于相近的技术领域。

通常，这些产品的技术领域之间技术关联度较高，所属技术领域的技术人员基于关联性容易列举出或考虑这些相近或相关的技术领域，但应避免对技术领域无限制地扩展，比如实用新型专利产品是洗碗巾，而将洗碗机列举为相近或相关技术领域显然是不恰当的。

2）现有技术明确记载了技术领域之间的关联性

相近或者相关技术领域具有相对性，与本实用新型专利所属技术领域不同的技术领域可能由于现有技术有明确的记载而成为与本专利相近或相关的技术领域。例如，在判断现有技术是否有明确的记载时，可以将本专利和现有技术进行对比，判断本专利和现有技术是否都存在交叉的技术领域或者存在应用于相同的技术领域的记载。如果存在，则认为现有技术存在明确的记载，这种记载足以促使所属技术领域的技术人员去上述技术领域中寻找技术教导或解决方案。由于该明确的记载已经在本专利所属技术领域与上述技术领域之间建立了“桥梁”关系，从而上述技术领域成为与本专利所属技术领域相近或者相关的技术领域。

案例4-36

【案情简介】

本实用新型专利涉及一种幕墙单元（参见图4-39）。现有的幕墙单元功能单一，仅起到增加采光度和美化建筑物的作用，另外，现有的楼宇太阳能发电装置常需安装在建筑物顶部。基于上述存在的技术问题，本专利提供一种集成太阳能发电装置的幕墙单元，实现幕墙单元的多功能性。

【权利要求】

一种幕墙单元，包括：透光的聚光层（108）和固定层（107），以及用于导光的多个光纤（104）；所述聚光层（108）上设置有多个凸透镜（102）；所述固定层（107）设置在所述聚光层（108）的一侧，且与所述聚光层（108）平行；每个所述光纤（104）的一端均设置在所述固定层（107）上，且该端位于一个所述凸透镜（102）的光轴线上，用于接收所述凸透镜（102）的折射光；每个所述光纤（104）的另一端用于向用光单元输送光源。

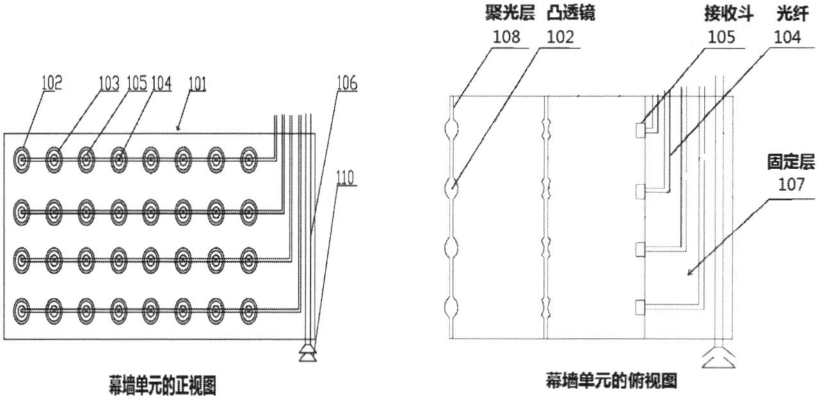

图 4-39　本实用新型专利结构示意图

【现有技术】

对比文件 1 公开了一种太阳能照明装置（参见图 4-40），用于室外墙壁，该装置包括菲涅尔透镜 11 和光纤 31，菲涅尔透镜 11 设置于透镜框架 1 上，光纤 31 嵌入透镜框架 1 背光侧设置的光纤板 2 的小孔，透镜框架 1 设置于室外墙壁上，该装置通过透镜 11 将太阳光聚集，并将光传送进光纤 31，通过光纤 31 将光传送至无光照房间，从而实现白天节约电能的效果。

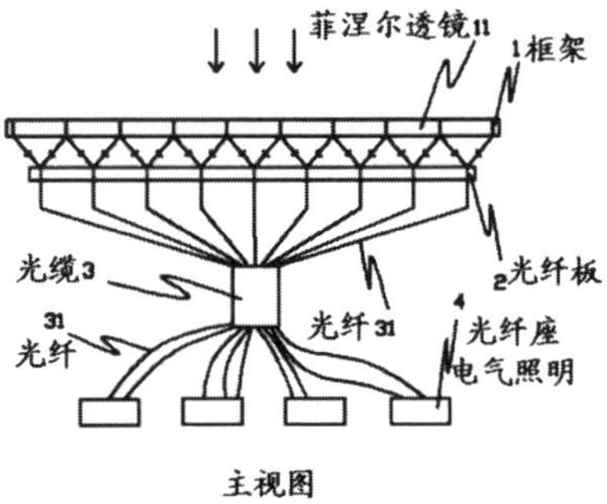

图 4-40　对比文件 1 结构示意图

对比文件 2 公开了一种太阳能光伏玻璃幕墙（参见图 4-41），包括凸透镜 2、玻璃 1 和太阳能电池板 3。

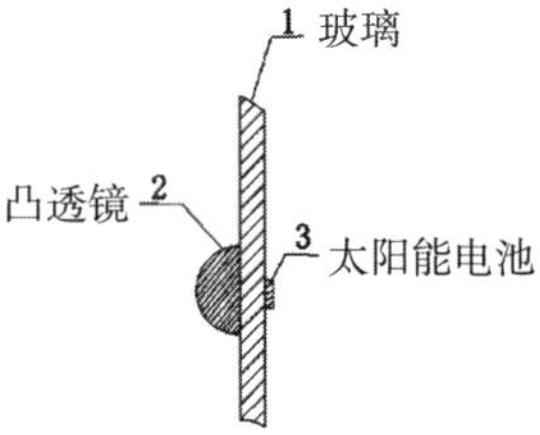

图 4-41　对比文件 2 结构示意图

【技术领域判断】

本实用新型专利保护一种幕墙单元，属于建筑物幕墙领域，对比文件 1 公开了一种太阳能照明装置，属于太阳能照明应用领域。虽然对比文件 1 中指出了照明装置用于室外墙壁，但这仅表明该照明装置的工作环境与幕墙单元相同。所属技术领域对幕墙有特定的概念和特定标准要求，对幕墙的强度和使用寿命要求与一般挂在建筑物外墙上的装置显然是不一样的。因此在通常情况下，本专利所属的建筑物幕墙领域和对比文件 1 所属的太阳能照明应用领域分属于不同的技术领域。对比文件 2 的玻璃幕墙与本专利的技术领域相同，而且对比文件 2 中的幕墙单元也具有太阳能照明装置，即对比文件 2 明确记载了可将太阳能照明装置用于幕墙单元上，可以认为对比文件 2 作为现有技术已经在建筑物幕墙领域和太阳能照明应用领域之间建立了一种技术上的关联，此时对比文件 1 所属的太阳能照明应用领域，就成为建筑物幕墙领域的相关技术领域。

3）同一技术手段在多个技术领域中被广泛应用以解决相同或相似的技术问题

在审查和司法实践中，还有一种比较常见的情形，即现有技术看似属于与本实用新型专利明显不相关的技术领域，但其记载的相关技术手段在多个技术领域的现有技术中均有相关记载，且用于解决普遍存在于多个技术领域的相同或相似的技术问题。基于相关技术手段应用且解决技术问题的普遍性，可以认为现有技术整体上给出了明确的启示，此时作为现有技术代表性的对比文件，可将其技术领域作为本实用新型专利的相关技术领域而予以考虑。

案例 4-37

【案情简介】

本实用新型专利涉及一种纺纱机械（参见图 4-42）。现有的纺纱机械具备供作业者踩踏的踏板，由于作业者的脚尖离身体具有一定的距离，作业者将脚放到踏板上时身体无法尽可能地靠近操作单元，操作起来不方便。针对上述技术问题，本专利提出在踏板处设计脚尖收纳部的技术手段，方便作业者更加靠近操作单元。

【权利要求】

一种纺纱机械，具备：

落纱台车（4）；

多个纺纱单元（2），沿着第一方向配置，具有卷绕形成卷装的卷取部（3）；

卷装载放部（21），沿着上述第一方向配置，且配置在上述纺纱单元的上述卷取部侧；

踏板（22），沿着上述第一方向配置，使上述卷装载放部位于该踏板和上述多个纺纱单元之间，且该踏板配置在比上述卷装载放部的高度低的位置，并具有能够载放作业者的脚的踏板面；

以及脚尖收纳部（23），具有能够收纳站在上述踏板面上的上述作业者的脚的脚尖的空间，该脚尖收纳部形成为进入上述卷装载放部的下方。

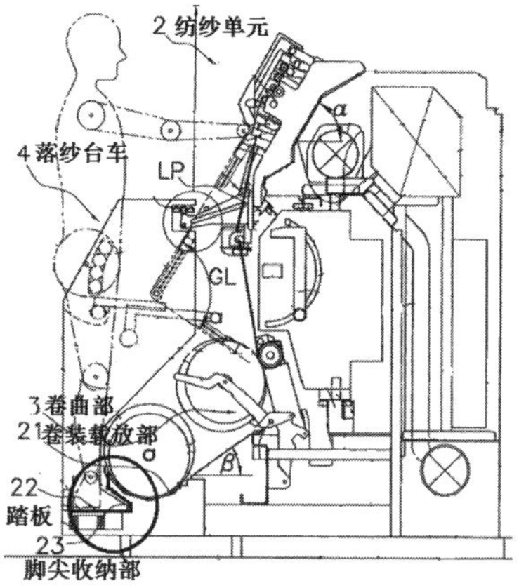

图4-42　本实用新型专利结构示意图

【现有技术】

对比文件1涉及一种纺纱机械（参见图4-43），其公开了本专利除“脚尖收纳部”相关技术特征之外的所有技术特征。

对比文件2公开了一种洗头机（参见图4-44），在洗头机的下部设有洗头操作者可以踏入脚的空间11（即脚尖收纳部），使用者可以更靠近洗头机，方便对洗头机的操作。

对比文件3公开了一种洗衣机（参见图4-45），在洗衣机的前面板下部设置有供使用者的脚尖可伸入的凹进部分，使用者可以更靠近洗衣机，方便对洗衣机及衣物的操作。

对比文件 4 公开了一种橱柜（参见图 4-46），在橱柜的前面板下部设置有使用者的脚尖可伸入的凹进部分，使用者更靠近橱柜，方便使用者对橱柜上餐具及厨具的操作。

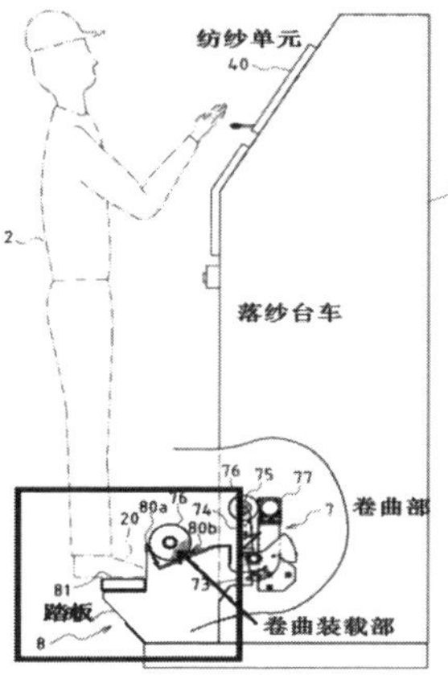

图 4-43　对比文件 1 结构示意图

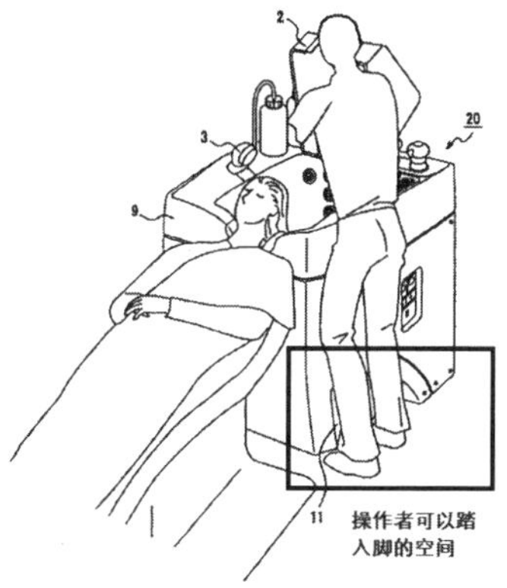

图 4-44　对比文件 2 结构示意图

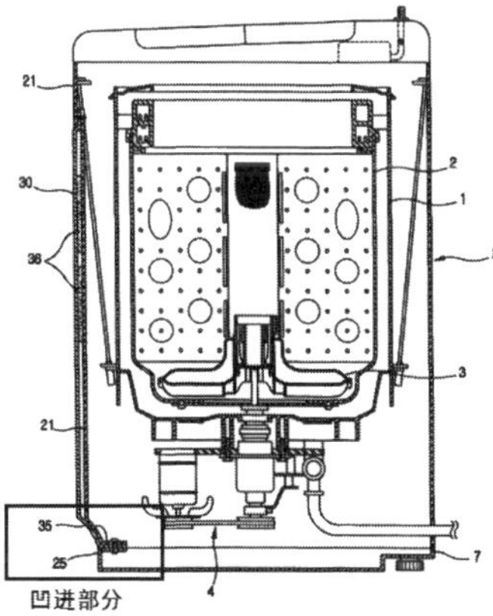

图 4-45　对比文件 3 结构示意图

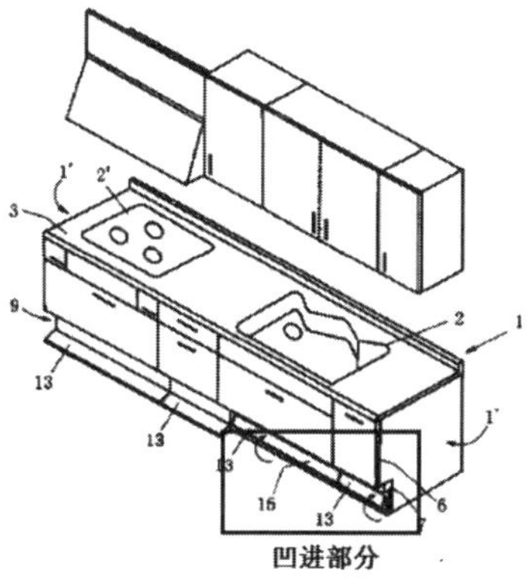

图 4-46　对比文件 4 结构示意图

【技术领域判断】

本实用新型专利保护一种纺纱机械，属于纺纱机械领域，对比文件1与本专利相同，也属于纺纱机械领域。对比文件2属于洗头设备领域，对比文件3属于洗衣设备领域，对比文件4属于厨房柜橱领域，对比文件2~4与本专利均明显属于不同的技术领域，但是综合对比文件2~4等多个现有技术可以看出，给操作设备设置脚尖收纳部以方便操作者更靠近操作设备在与本专利所属的技术领域不同的多个技术领域中被广泛应用，并用于解决相同的技术问题，即相关技术手段及解决的技术问题具有普遍性，此时对比文件2作为公开了相关技术手段的现有技术的代表性文献，其所属的洗头设备技术领域可以认为属于本专利的相关技术领域。

二、创造性的评价方法

在实用新型专利的创造性判断中，一般采用“三步法”进行判断。

（1）确定最接近的现有技术；

（2）确定实用新型专利的区别特征和实用新型专利实际解决的技术问题；

（3）判断实用新型专利对所属技术领域的技术人员来说是否显而易见。

在判断实用新型专利的权利要求是显而易见的情况下，得出权利要求“不具备《专利法》第二十二条第三款规定的创造性”的结论。在判断实用新型专利的权利要求不是显而易见的情况下，得出权利要求“具备《专利法》第二十二条第三款规定的创造性”的结论。

在独立权利要求不具备创造性的情况下，应继续对其从属权利要求的创造性进行判断；在独立权利要求具备创造性的情况下，可直接得出其从属权利要求具备创造性，除非该从属权利要求为形式上的从属权利要求，实质上则是与该独立权利要求并列的独立权利要求。从属权利要求的评价可以根据情况合并评述。

（一）最接近的现有技术的确定和选择

《专利审查指南》（2010）第二部分第四章第 3.2.1.1 节关于发明专利创造性的判断方法中规定：在确定最接近的现有技术时，应首先考虑技术领域相同或相近的现有技术。

《专利审查指南》（2010）第四部分第六章第 4 节中规定：对于实用新型专利而言，一般着重考虑该实用新型专利所属的技术领域。

在实用新型专利创造性评价过程中，选择最接近的现有技术应当首先考虑该实用新型专利所属技术领域的现有技术，并在准确理解发明构思的基础上，选择最有可能作为发明创造的起点的现有技术作为最接近的现有技术。

以【案例 4-36】为例，如果将对比文件 1 作为最接近的现有技术，将本专利的权利要求与对比文件 1 相比，区别特征在于：主题名称不同，本专利为幕墙单元，对比文件 1 为太阳能照明装置；本专利设置的是凸透镜而非菲涅尔透镜。本专利属于建筑物幕墙领域，对比文件 1 属于太阳能照明应用领域，两者属于不同的技术领域。此时，在创造性的判断中无论是在确定实际解决的技术问题“通过将设置于室外墙壁上的太阳能照明装置与玻璃幕墙相结合，解决如何提供兼具太阳能利用、减少光污染的多功能玻璃幕墙的技术问题”方面，还是“对比文件 1 中的太阳能照明装置应用于室外墙壁，与幕墙使用环境相似，容易想到将对比文件 1 的装置集成于玻璃幕墙形成本专利的技术方案”的说理方面，在现有技术没有明确启示的情况下，都有“事后诸葛亮”的嫌疑，难以令人信服。因此，对比文件 1 不是所属技术领域技术人员在现有技术的基础上获得该权利要求的技术方案的最佳起点，不适合作为本专利的最接近现有技术。

如果将对比文件 2 作为最接近的现有技术，将本专利的权利要求与对比文件 2 相比可知，对比文件 2 虽然公开的特征较少，但与本专利涉及相同的产品，都是对玻璃幕墙功能的改进，都是利用凸透镜与幕墙结合，提高对阳光的利用率。可以看出，二者同属于建筑物幕墙领域，直接应用于一般建筑物，二者所解决的技术问题、技术效果和用途也很接近。从技术构思角度而言，直接由相同技术领域即建筑物幕墙领域的现有技术出发，比从对比文件1的照明装置领域出发，更符合一般的发明创造产生过程，也更贴近专利权人的发明构思。因此，相比于对比文件1，选取对比文件2作为本专利的最接近现有技术更为恰当。

（二）确定区别特征及实际解决的技术问题

在确定最接近的现有技术之后，分析实用新型专利的权利要求与最接近的现有技术之间有哪些区别特征，再根据这些区别特征来确定本专利实际解决的技术问题。

1. 确定区别特征

在对实用新型专利进行创造性评判过程中，比对实用新型专利的权利要求与最接近的现有技术，从而得到区别特征。在比对时，应从发明构思出发，基于其保护的主题、各特征在技术方案中所起的作用及其相互之间的关系等，从整体上考量特征之间的对应关系，不应脱离发明构思，将各特征割裂、脱离技术方案而孤立地理解。

区别特征之间的关联性也是有所不同的。如果区别特征由彼此之间密切关联的多个特征构成，这些特征相互作用、共同解决实用新型专利实际解决的一个技术问题，则此时需要考虑这些技术特征之间的关联性，在创造性评判中应当将这些特征作为一个整体进行判断，不能将其割裂成多个区别技术特征分别进行评判。

2. 确定实际解决的技术问题

在确定实际解决的技术问题时，需考虑说明书中明确记载的区别特征在本专利中的作用、本专利所要解决的问题或本专利的技术效果，或者，本领域技术人员根据现有技术可以预期或确认的关于区别特征在本专利中客观上具有的作用或使本专利客观上达到的技术效果。原则上，构成本专利技术方案的所有技术特征（如构成某装置的部件以及连接关系）在整体技术方案中所产生的技术效果，均可以作为确定本专利实际解决技术问题的依据，只要这些技术效果是所属领域技术人员可以预期的。

如果说明书中记载了区别特征对应的技术问题，本领域技术人员可重点结合该技术问题确定本专利实际解决的技术问题。

如果说明书中未记载区别特征对应的技术问题时，可如下确定区别特征在本专利中的作用及使本专利达到的技术效果，并由此确定本专利实际解决的技术问题：

（1）如果说明书记载了区别特征使本专利达到的技术效果，且该技术效果可以得到确认，则根据区别特征使本专利达到的技术效果确定本专利实际解决的技术问题；

（2）如果说明书未记载区别特征使本专利达到的技术效果，可以根据本领域技术人员能够预期的技术效果确定本专利实际解决的技术问题。

在确定实用新型专利实际解决的技术问题时，应当注意：

（1）在确定实用新型专利实际解决的技术问题时，不应将本专利的技术方案作为重新确定后的本专利实际解决的技术问题，在实际解决的技术问题中也不应包含解决该问题的技术手段。

（2）实用新型专利实际解决的技术问题不是单个区别技术特征的本身功能，而是根据区别特征使得技术方案所能达到的技术效果而确定的实际解决的技术问题。单个区别特征应用于技术方案中，往往与其他特征共同发挥作用，脱离技术方案整体来确定技术问题，通常会忽略发明创造的真正贡献。应注意关注多个区别技术特征之间的相互关联以及在整个技术方案中的共同作用，综合判断它们使得技术方案整体所产生的技术效果。

（3）实用新型专利说明书中没有记载、本领域技术人员又不能预期的技术效果，不能作为确定本专利实际解决的技术问题的依据。

（4）不能使用申请日或优先权日之后获得的知识确定实用新型专利实际解决的技术问题。

案例 4-38

【案情简介】

本实用新型专利涉及一种电磁水泵的组合式保持架装置（参见图 4-47）。现有的保持架装置需要安装隔离衬套，由于零件多导致安装不方便，另外由于现有的保持架装配方式的限制使得保持架体积需要做得很大，导致整体结构不够小巧。本专利针对上述技术问题进行了改进。

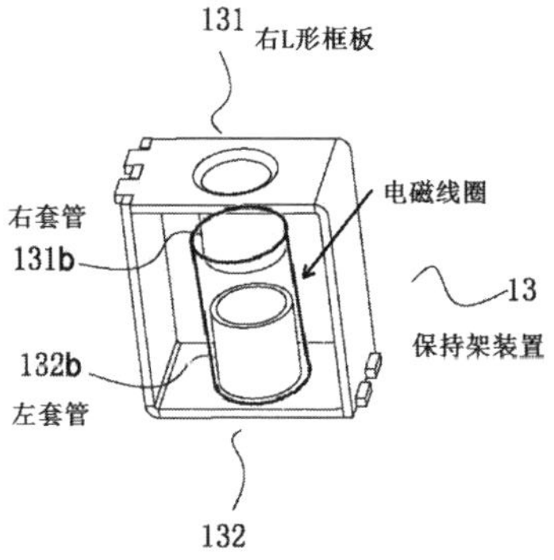

图 4-47　本实用新型专利结构示意图

【权利要求】

一种电磁水泵的组合式保持架装置，包括框形保持架和电磁线圈，其特征在于：该框形保持架由左 L 形框板（132）和右 L 形框板（131）卡接而成，在左 L 形框板（132）的左侧板上冲压一体成型有左套管（132b），在右 L 形框板（131）的右侧板上冲压一体成型有右套管（131b），左 L 形框板（132）和右 L 形框板（131）卡接后左套管（132b）和右套管（131b）具有间隙，电磁线圈套接在左套管和右套管上。

【现有技术】

对比文件 1 公开了一种电磁泵（参见图 4-48），包括线圈支架 2、套管 3、隔离衬套 4 和电磁线圈 5。对比文件 1 公开的技术方案基本上等同于本专利的背景技术。

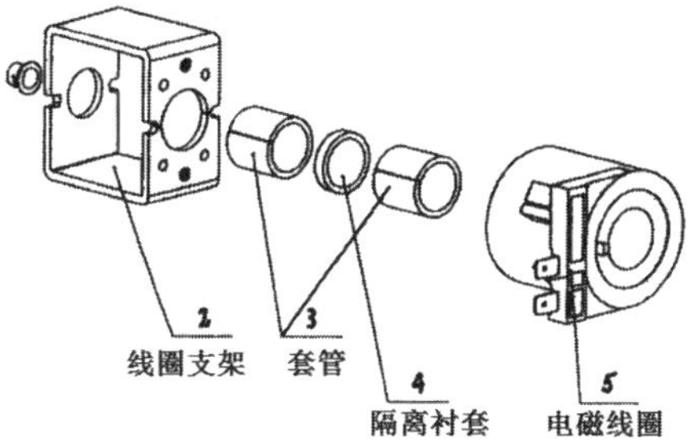

图 4-48　对比文件 1 结构示意图

对比文件 2 公开了一种电磁阀（参见图 4-49），其公开的与本专利相关的技术内容“框形保持架 4”是由两块 L 形框板卡接而成。

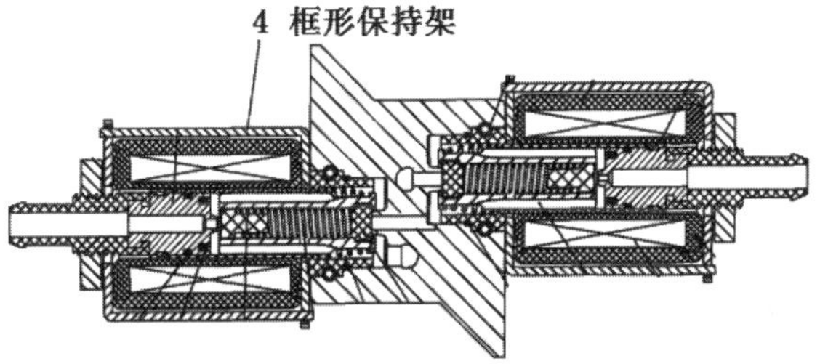

图 4-49　对比文件 2 结构示意图

【区别特征及实际解决的技术问题】

如果将本专利权利要求相对于对比文件 1 的区别认定为“（1）框形保持架由左 L 形框板和右 L 形框板卡接而成；（2）在左 L 形框板的左侧板上冲压一体成型有左套管，在右 L 形框板的右侧板上冲压一体成型有右套管，左 L 形框板和右 L 形框板卡接后左套管和右套管具有间隙”，对解决的技术问题分别基于上述两个区别特征单独进行认定，就会容易误认为区别特征（1）被对比文件2公开，区别特征（2）属于所属技术领域的技术人员的公知常识，进而得出上述权利要求相对于对比文件1、对比文件2和本领域公知常识的结合不具备创造性的结论。

然而，本专利为了解决“安装较麻烦和结构不够小巧”的技术问题，采用了套管与框板一体成型并且两个框板相互卡接的技术手段。如果只采用两个框板卡接组成框形保持架的技术手段，套管与框架不是一体成型，由于本专利中不设置隔离垫圈，则两分体套管无法相互隔离安装于电磁线圈内；反之，如果只采用套管与框架一体成型的技术手段，两框板不是通过卡接组成框形保持架，则在安装过程中电磁线圈无法套接到套管上。由此可见，上述区别特征（1）、（2）之间的相互协作关系十分密切，不能拆分成单独个体考虑，这两部分属于一个整体的技术构思，共同解决了上述技术问题。因此，本专利权利要求相对于对比文件1的区别特征不宜拆分，应认定为：框形保持架由左L形框板和右L形框板卡接而成，且在左L形框板的左侧板上冲压一体成型有左套管，在右L形框板的右侧板上冲压一体成型有右套管，左L形框板和右L形框板卡接后左套管和右套管具有间隙。基于上述区别特征，可以确定该权利要求相对于对比文件1实际解决的技术问题是：解决现有带有隔离衬套的电磁结构保持架安装较麻烦和结构不够小巧的问题。对比文件2公开的特征没有解决该技术问题，因而在对比文件1的基础上结合对比文件2不能评述该权利要求的创造性。

3. 应考虑材料和方法特征

《专利审查指南》（2010）第四部分第六章第4节中规定：在实用新型专利创造性的审查中，应当考虑其技术方案中的所有技术特征，包括材料特征和方法特征。

尽管对材料或方法本身的改进不属于实用新型专利权保护的客体，但对于实用新型专利权利要求中出现的已知材料或已知方法等特征，在认定区别特征时需要考虑。

案例 4-39

【案情简介】

本专利涉及一种金属材料的厚壁油管（参见图 4-50）。

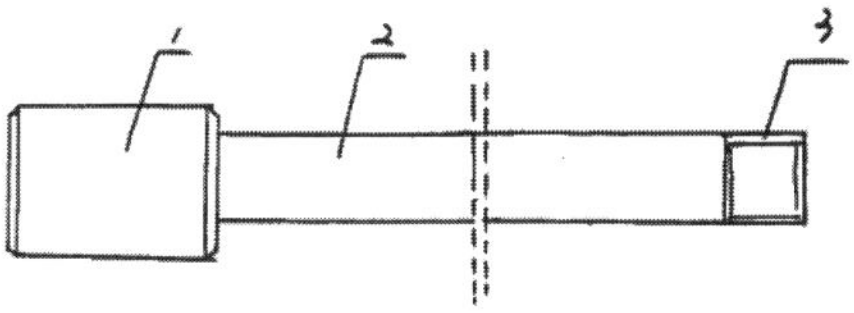

图 4-50　本实用新型专利结构示意图

【权利要求】

一种厚壁油管，其特征是把反大一规格的油管缩径加厚成小一规格的油管本体，其中管体（2）一端为外螺纹，用于连接接箍（1）的内螺纹，管体（2）另一端为外螺纹结构（3）。

【现有技术】

对比文件 1 公开了一种厚壁油管，包括管子和接箍，管子通过一端部的外螺纹和接箍端部的内螺纹啮合连接，管子另一端为外螺纹结构。

【区别特征及实际解决的技术问题】

对比文件 1 公开了管子、接箍及螺纹结构等特征，但没有公开该加工方法，根据《专利审查指南》（2010）的相关规定需要考虑该方法特征，并且需要判断该方法对于产品本身有没有实际的限定作用。在机械领域，对于金属材料的塑性变形等加工方式，通常认为对于产品结构是有影响的，因此本专利权利要求与对比文件 1 相比，区别特征为：把反大一规格的油管缩径加厚成小一规格的油管本体。基于上述区别特征，可以确定该权利要求相对于对比文件 1 实际解决的技术问题是如何提高油管强度、延长油管使用寿命。

（三）技术启示的判断

在实用新型专利创造性的判断过程中，“三步法”中最为关键的一个环节就是判断保护的实用新型专利对于所属技术领域的技术人员来说是否显而易见。

在“显而易见”的判断过程中，确定现有技术在整体上是否存在技术启示，使得所属技术领域的技术人员有动机将区别特征应用到最接近的现有技术中以解决其存在的技术问题。如果现有技术存在这种技术启示，则实用新型专利是显而易见的，不具有实质性特点和进步。

以下几种情况，通常认为对于实用新型专利来说现有技术中存在上述技术启示：

（1）区别特征是所属技术领域的公知常识。

（2）区别特征为与最接近的现有技术相关的技术手段且作用相同，例如同一份对比文件中其他技术方案披露的技术手段。

（3）区别特征为所属技术领域的另一份对比文件中披露的相关技术手段且作用相同；或者区别特征为相近或相关的技术领域的另一份对比文件中披露的相关技术手段且作用相同，且现有技术在所属技术领域与相近或相关的技术领域之间建立了联系。

在审查和司法实践中，我们在判断是否存在明确的技术启示时还需要注意以下一些方面的内容。

1. 技术启示的整体考量

在判断是否具有技术启示时，应当紧密围绕基于区别特征重新确定的权利要求实际解决的技术问题，区别特征被其他对比文件公开并不意味着该对比文件就一定给出了技术启示，还应当判断区别特征在该对比文件中所起的作用与该区别特征在本专利中为解决重新确定的技术问题所起的作用是否相同。即在采用“三步法”进行创造性判断的过程中，不仅要考虑技术方案本身，而且还要考虑所属技术领域、所解决的技术问题和所产生的技术效果，将实用新型专利作为一个整体看待，技术方案中的每个技术特征都是整体的组成部分，不应将某个或某些技术特征从整个技术方案中割裂出来。对于从属权利要求而言，也不应将其附加技术特征与其引用的权利要求的技术特征割裂开来。

案例 4-40

【案情简介】

本实用新型专利涉及一种搅拌刀，为家庭用搅拌器具（参见图 4-51）。目前家庭用搅拌器上设有搅拌刀，通过搅拌刀来对食物进行搅拌，搅拌刀在搅拌食物时，与食物之间会产生摩擦，若食物加水后成黏稠物时，如面粉加水成面团时，搅拌刀搅拌食物时阻力会增大，导致搅动困难。

【权利要求】

一种搅拌刀，包括对黏稠食物进行搅拌的刀体（1）及带动刀体（1）旋转的刀柄（2）；其特征在于：所述刀体（1）包括一挡块（10）及一勾体（12），所述挡块（10）的一端连接在刀柄（2）上，所述挡块（10）远离刀柄（2）的一端斜向下延伸而形成勾体[1]（12）；所述勾体（12）上设有可切割黏稠食物的刀刃（124）。

[1] “勾”应作“钩”，本案例下同。

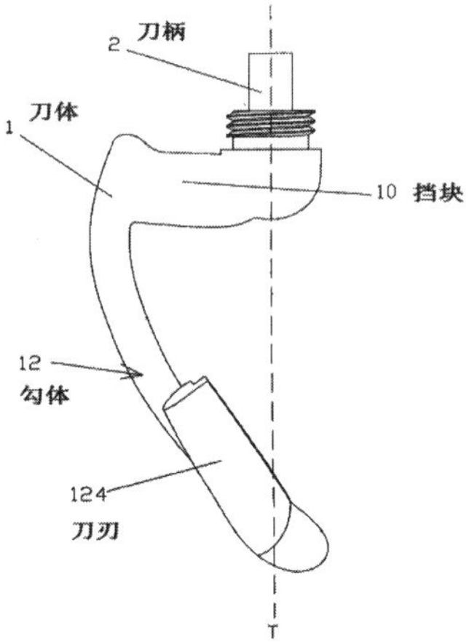

图 4-51　本实用新型专利结构示意图

【现有技术】

对比文件 1 公开了一种用于搅拌面团或类似物的搅拌工具（参见图 4-52），包括用于搅拌面团的打面勾 1（相当于该权利要求的刀体）和用于带动打面勾 1 旋转的枢部 6（相当于该权利要求的刀柄），其中打面勾 1 包括与枢部相连的挡块和远离枢部一端斜向下延伸而成的勾体。

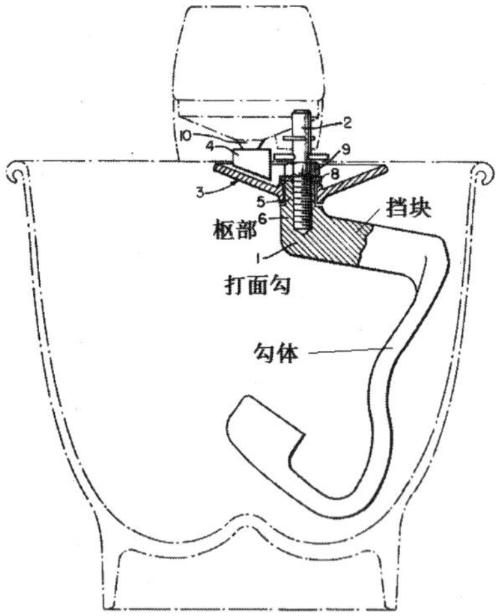

图 4-52　对比文件 1 结构示意图

对比文件 2 公开了一种搅拌机用的搅肉刀具（参见图 4-53），包括用于搅肉的上刀片 1 和下刀片 2（对应于该权利要求的刀体），还包括带动上刀片 1 和下刀片 2 旋转的与支柱 3 结合的端部（对应于该权利要求的刀柄），其中上刀片 1 和下刀片 2 具有用于切割的刀刃 4。

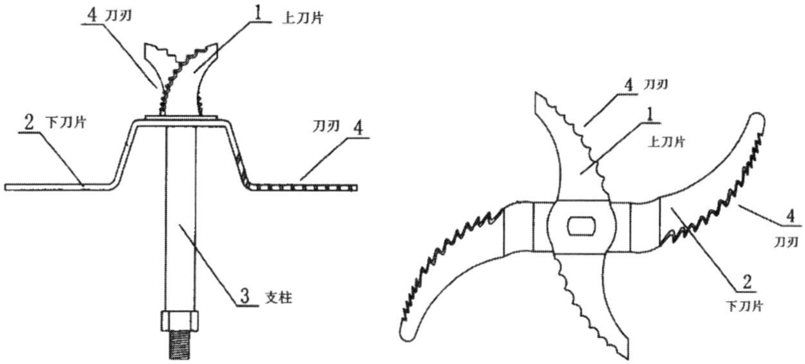

图 4-53　对比文件 2 结构示意图

【创造性判断】

对比文件 1 与本专利的所属技术领域相同，因此，选取对比文件 1 作为最接近的现有技术。本专利权利要求与对比文件 1 的区别特征在于：在勾体上设有可切割黏稠食物的刀刃。基于上述区别特征可以确定该权利要求相对于对比文件 1 实际解决的技术问题是：在搅拌黏稠食物的过程中如何减小阻力。本专利的搅拌刀具中的刀体具有挡块和勾体结构，挡块和勾体结构能够以推压的方式进行搅拌，其中刀刃所起的作用是在搅拌刀搅拌黏稠食物的同时切割黏稠食物，从而减轻搅拌黏稠食物时的阻力。而对比文件 2 的搅肉刀具具有多个刀片，其所针对的对象是肉类食品，其中刀刃所起的作用是将完整的肉切碎，从而使肉能够被搅拌。由此可见，尽管对比文件 2 公开了在刀体上设置可切割食物的刀刃，但是刀刃在对比文件 2 中设置的位置、目的以及所起的作用与本专利均是不同的，对于所属技术领域的技术人员来说，对比文件 2 并未给出将搅肉刀具上的刀片和刀刃的设置应用到对比文件1以解决其存在的技术问题的技术启示。因此，该权利要求相对于对比文件1和对比文件2的结合具备创造性。

2. 技术领域在技术启示判断中的考量

除了在选取最接近的现有技术时需要考虑技术领域，在选择其他给出技术启示的现有技术时，同样需要考虑技术领域。对于实用新型专利而言，除了着重考虑该实用新型专利所属的技术领域，还可以考虑相近或者相关的技术领域，但需要在现有技术中给出明确启示的情况下才予以考虑。

案例4-41

【案情简介】

本实用新型专利涉及一种热敏打印机打印胶辊支撑结构（参见图4-54），其针对现有打印机打印胶辊容易弯曲变形的技术问题，采取了在打印胶辊下方增设支撑轴的技术手段。

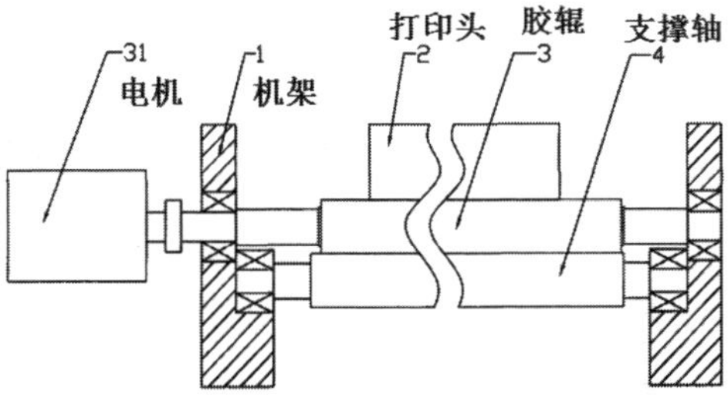

图4-54　本实用新型专利结构示意图

【权利要求】

一种热敏打印机打印胶辊支撑结构，包括胶辊（3）、打印头（2），其特征是：在胶辊的下方设有与胶辊平行的且用于支撑胶辊的支撑轴（4）。

【现有技术】

对比文件1公开了一种打印头可开启的热敏打印机（参见图4-55），热敏打印机中包括胶辊4、打印头6，在工作状态，翻转架下压时，打印头6与胶辊4压紧配合，打印纸在打印头6与胶辊4之间，实现正常的打印和走纸。

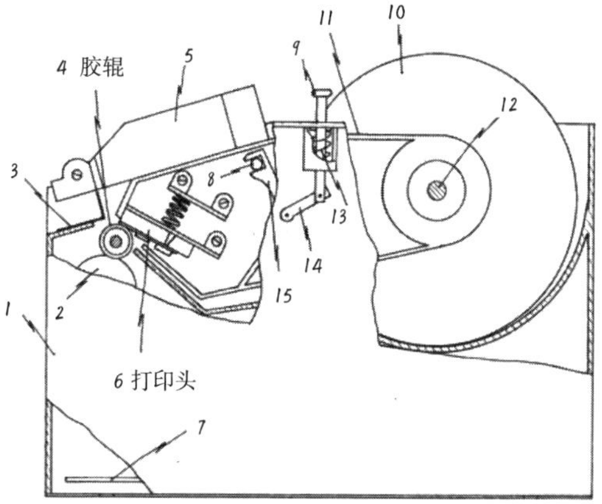

图4-55 对比文件1结构示意图

对比文件2公开了一种轧辊小挠度、高刚度轧机（参见图4-56），该轧机由工作辊2和2′及其上下方分别支撑工作辊2和2′的支撑辊3和3′构成，支撑辊3和3′与工作辊2和2′平行，该支撑辊3和3′以多点梁的形式支撑在轧辊座11和11′上，作用在工作辊2和2′上的轧制压力经支撑辊3和3′的传递，分散地被轧辊座11和11′承受，从而使得工作辊2和2′的刚度提高，弯曲变形减小。

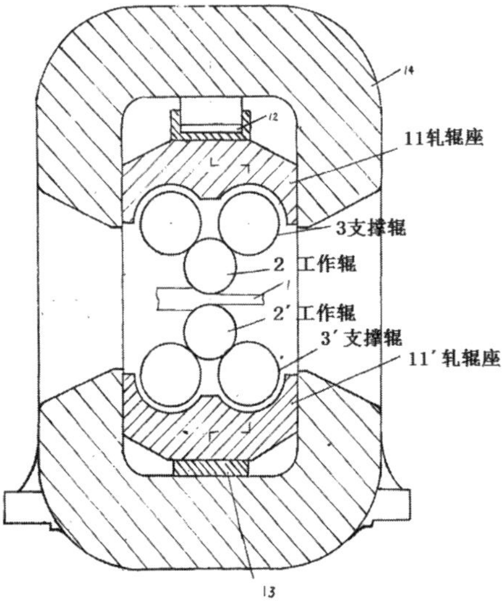

图 4-56 对比文件 2 结构示意图

【创造性判断】

对比文件 1 与本专利的所属技术领域相同，因此选取对比文件 1 作为最接近的现有技术。将本专利的权利要求与对比文件 1 相比，区别特征在于：在胶辊的下方设有与胶辊平行的且用于支撑胶辊的支撑轴。基于上述区别特征，该权利要求相对于对比文件 1 实际解决的技术问题是：如何防止打印机打印胶辊容易弯曲变形。

对比文件 2 公开了在工作辊下方设置有与工作辊平行的且用于支撑工作辊的支撑辊，且作用是减小辊体弯曲变形。虽然对比文件 2 公开了上述区别特征的结构且作用相同，但对比文件 2 属于轧钢领域，其与打印机属于相差较远的不同的技术领域，而且本专利打印机的支撑轴及对比文件 2 中支撑辊作为构成产品的组成部件没有单独的功能所属的技术领域，同时对比文件 2 作为现有技术也没有明确记载可以应用到打印机领域，因此本专利与对比文件 2 不属于相近或相关的技术领域，所属技术领域技术人员在遇到上述待解决的技术问题时，并不具有到上述不相近或不相关的技术领域的文献中寻找技术启示以解决技术问题的动机。因而在对比文件 1 的基础上结合对比文件 2 不能评述该权利要求的创造性。

案例 4-42

【案情简介】

本实用新型专利涉及一种微风吊扇的吊杆（参见图 4-57），现有技术中微风吊扇的吊杆通常由金属圆管加工制成，在吊杆杆身下端一侧开有供电源线穿出的窗口，时间长了电源线绝缘层易被窗口磨透，而吊杆又容易被人体接触，易造成触电事故，本专利为了解决上述技术问题，采取了在金属吊杆外密贴绝缘层的技术手段。

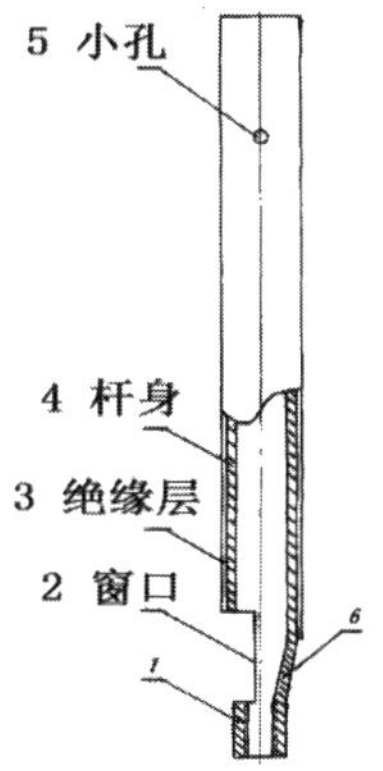

图 4-57　本实用新型专利结构示意图

【权利要求】

一种微风吊扇的吊杆，靠近圆管形杆身（4）下端螺纹头的一侧开有供电源线穿出的窗口（2），靠近吊杆上端的管壁开有相对小孔（5），其特征在于杆身（4）外密贴一绝缘层（3）。

【现有技术】

对比文件1公开了一种微风吊扇的吊杆（参见图4-58），公开了杆身4、窗口2、小孔5等结构。

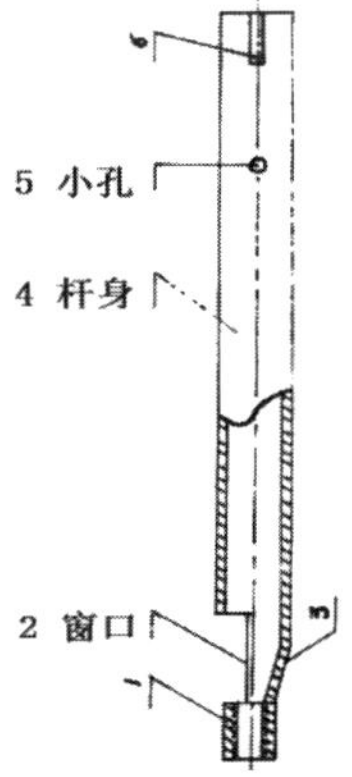

图4-58　对比文件1结构示意图

对比文件2为《塑料标准汇编》，是一份聚氯乙烯热收缩套管的行业标准，其中公开了该塑料套管的一些用途和性能：将塑料套管套装在圆柱形的芯轴上，可起到防电绝缘的作用，而且对比文件2明确记载了该套管“可用于电器、电子元件绝缘包装”。

【创造性判断】

对比文件1与本专利的所属技术领域相同，因此选取对比文件1作为最接近的现有技术。将本专利权利要求与对比文件1相比，其区别特征为：杆身外密贴一绝缘层。一方面，虽然对比文件2为聚氯乙烯热收缩套管的行业标准，与本专利和对比文件1的电风扇技术领域相差较远，但对比文件2明确记载了塑料套管“可用于电器、电子元件绝缘包装”，因此对比文件2记载的内容已经在用于绝缘的材料和电器之间建立了联系，此时可以认为对比文件 2 所属技术领域是本专利的相关技术领域。另一方面，塑料材料大多是具有绝缘性能的，采用塑料材料进行绝缘防漏电普遍应用于多个技术领域，该技术手段的广泛应用意味着现有技术整体给出明确启示，从而可以认为作为现有技术代表的对比文件 2 与本专利属于相关的技术领域。因此，结合对比文件 1 和对比文件 2 能够评述该权利要求的创造性。

从上述两个案例可以看出，对于相近或相关技术领域的现有技术，需要有明确的技术启示才予以考虑。如果相近或相关技术领域的现有技术公开的技术手段用于最接近现有技术时，还需要对该技术手段作进一步的改进才能得到本专利的技术方案，则需要谨慎考虑该相近或相关技术领域的现有技术是否给出了明确的技术启示。

3. 公知常识的使用

《专利审查指南》（2010）第二部分第四章第 3.2.1.1 节中规定：下述情况，通常认为现有技术中存在上述技术启示：（i）所述区别特征为公知常识，例如，本领域中解决该重新确定的技术问题的惯用手段，或教科书或者工具书等中披露的解决该重新确定的技术问题的技术手段。

除此之外，关于公知常识，《最高人民法院关于行政诉讼证据若干问题的规定》（2002 年）第六十八条规定：下列事实法庭可以直接认定：（一）众所周知的事实；（二）自然规律及定理；（三）按照法律规定推定的事实；（四）已经依法证明的事实；（五）根据日常生活经验法则推定的事实。

（1）技术领域在公知常识使用中的考量

公知常识的使用主体是所属技术领域的技术人员，所以公知常识应当有技术领域的区分，例如所属技术领域公知常识、相近或相关技术领域的公知常识。在使用公知常识时，应当考虑技术领域的相关性。比如，属于相近或相关技术领域的公知常识，通常情况下不能用于评述实用新型专利的创造性，但如果其属于现有技术给出明确启示的情况，则相近或相关技术领域的公知常识可以用于评价实用新型专利的创造性。

案例4-43

【案情简介】

本实用新型专利涉及一种鞋类光源驱动装置（参见图4-59），具有可让鞋体呈现不同颜色闪烁的技术效果。现有技术的鞋类光源驱动装置仅能提供单一电压准位，但不同颜色的发光二极管其工作电压有所不同，造成单一准位的电压无法让所有发光二极管正常工作。本专利为了解决上述技术问题，采取了将两种不同电压准位分别供电给不同工作电压的发光二极管的技术手段。

【权利要求】

一种鞋类光源驱动装置，包括供电单元（1）、开关组件（2）、控制单元（3）及复数个发光二极管（41~43）；其特征是：该供电单元（1）由可提供3V及4.5V两种不同电压准位的一3V的第一电池V1及一1.5V的第二电池V2串接组成，第一电池V1与第二电池V2相串接两端的电压为4.5V，该供电单元（1）连接至发光二极管（41~43）及控制单元（3），该开关组件（2）及发光二极管（41~43）与控制单元（3）连结；藉此，当开关组件（2）受按压即送出一触发信号至控制单元（3），控制单元（3）收到此触发信号后，该复数个发光二极管（41~43）可呈现出不同闪烁方式。

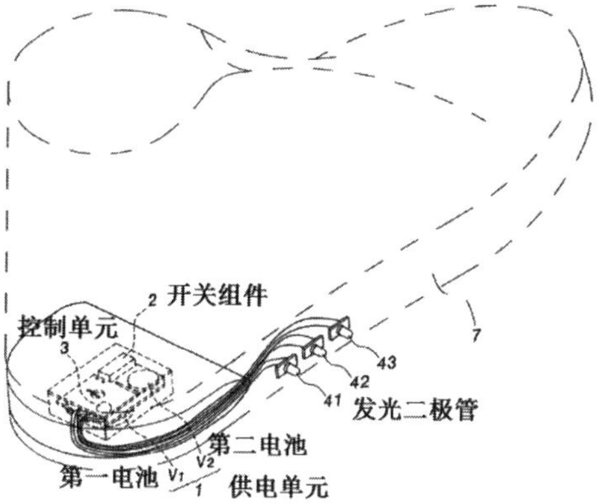

图 4-59　本实用新型专利结构示意图

【现有技术】

对比文件 1 公开了一种鞋类光源驱动装置（参见图 4-60），其公开了供电单元 1、开关组件 2、控制单元 3 和发光二极管 5。

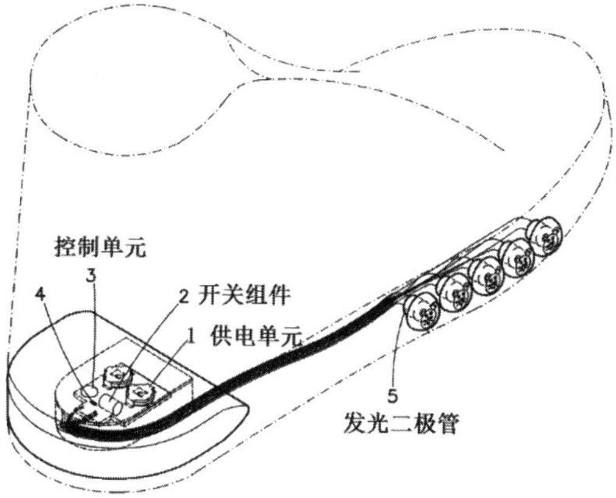

图 4-60　对比文件 1 结构示意图

教科书《电子技能基础》（王港元等，成都科技大学出版社，1999 年 4 月），其公开了电路由 E1 和 E2 两个电源串接供电，并通过滑动变阻器调节两个发光二极管的工作电压（参见图 4-61）。

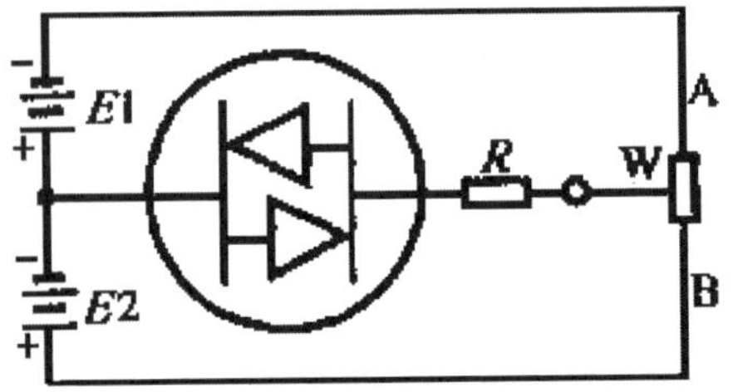

图4-61　教科书《电子技能基础》中电路结构示意图

【创造性判断】

对比文件1与本专利的所属技术领域相同，都属于鞋类技术领域，因此选取对比文件1作为最接近的现有技术。本专利权利要求与对比文件1的区别特征为：该供电单元由可提供3V及4.5V两种不同电压准位的一3V的第一电池及一1.5V的第二电池串接组成，第一电池与第二电池相串接两端的电压为4.5V。基于上述区别特征，所属技术领域的技术人员可以确认该权利要求相对于对比文件1实际解决的技术问题是：如何保证电路中具有不同工作电压的多个二极管都能够正常工作。本专利和对比文件1都属于鞋类技术领域，通常与电子技术领域无关，但是对比文件1明确记载了在鞋底中应用发光二极管，因此其实际上已经在鞋和电子电路两个技术领域之间建立了交叉联系，此时该公知常识证据就因属于本专利相关的技术领域可被考虑。由于该公知常识证据记载了上述区别特征为电子电路技术领域的常规结构，因而对比文件1结合该公知常识证据能够评述该权利要求的创造性。

（2）技术方案的整体性在公知常识使用中的考量

在公知常识使用过程中，需要确定现有技术整体上是否给出将该所属技术领域的公知常识应用到最接近的现有技术以解决其存在的技术问题的启示。在实用新型专利创造性判断过程中，不能脱离现有技术的技术方案及本专利所要解决的技术问题单独判断某技术手段是否为所属技术领域的公知常识，如果现有技术不存在改进的动机甚至给出了相反的技术启示，则不能简单地因为技术手段本身是公知常识就认定本专利相对于现有技术及公知常识的结合不具备创造性。

案例 4-44

【案情简介】

本实用新型专利涉及一种线型送风管组（参见图 4-62），解决的技术问题是：提供结构简单，避免紊流、涡流或逆流现象，保证室内空气品质，同时降低能耗，使得占用的建筑物空间更小的线型送风管组。

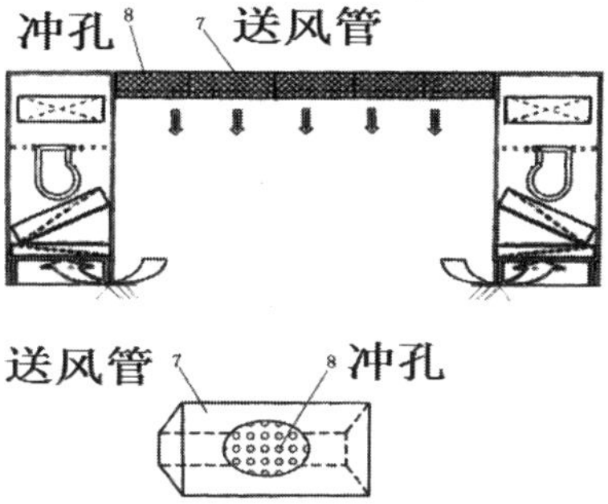

图 4-62　本实用新型专利结构示意图

【权利要求】

一种线型送风管组，其特征在于：包括至少两个水平设置的依次连接的送风管（7），所述送风管（7）为等腰梯形柱体管，所述送风管上设置有多个冲孔（8），所述冲孔（8）均匀设置在所述送风管（7）的两个侧面和底面上。

【现有技术】

对比文件 1 公开了一种优化通信局房气流组织的风管及通风系统（参

见图4-63），实质上也为一种线型送风管组，其背景技术中记载了由于顶棚风口送出的冷空气垂直向下至地板后易产生紊流，不利于气流组织，从而影响对机柜的冷却效果，因此采用了送风管10′的送风口仅设置在侧面的斜边111′、113′上，而不设置在水平面上。

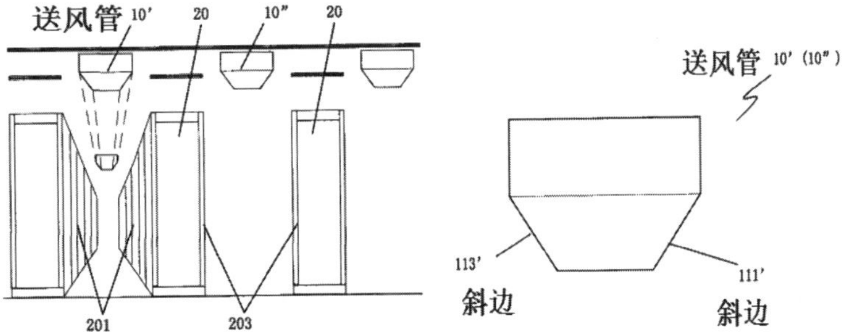

图4-63　对比文件1结构示意图

【创造性判断】

本专利权利要求与对比文件1的区别特征为：冲孔均匀设置在送风管的两个侧面和底面上。基于上述区别确定该权利要求相对于对比文件1实际解决的技术问题是：如何使吹出的气流在室内的分布更加均匀。对比文件1为了解决顶棚风口送出的冷空气垂直向下至地板后易产生紊流、影响对机柜的冷却效果的技术问题，采用了送风管的送风口仅设置在侧面的斜边上的技术手段，实际上给出了与本专利相反的技术启示。可见，虽然在送风管的各面均匀设置冲孔属于所属技术领域的公知常识，但基于对比文件1整体方案给出的相反的技术启示，所属技术领域的技术人员没有动机对其冲孔分布情况进行改进，因而结合对比文件1和所属技术领域的公知常识无法显而易见地得到本专利权利要求保护的技术方案，因此，该权利要求相对于对比文件1和所属技术领域的公知常识的结合具备创造性。

4. 现有技术的数量

实用新型专利创造性的标准应当低于发明专利创造性的标准，还体现在评价创造性时所使用的现有技术的数量上。对于实用新型专利而言，一般情况下可以引用一项或者两项现有技术评价其创造性，对于由现有技术通过“简单的叠加”而成的实用新型专利，可以根据情况引用多项现有技术评价其创造性。

（1）属于简单的叠加的情形

如果实用新型专利仅仅是将某些已知产品组合或连接在一起，各自以其常规的方式工作，总的技术效果是各叠加部分技术效果之总和，组合后的各技术特征之间在功能上无相互作用关系，仅仅是一种简单的叠加，则该实用新型专利不具备创造性。

案例 4-45

【案情简介】

本实用新型涉及一种带有永磁调速送风机的电厂锅炉（参见图 4-64），其所解决的技术问题是提供一种燃料利用率高、节约资源的电厂锅炉。

【权利要求】

一种带有永磁调速送风机的电厂锅炉，包括锅炉本体（1），本体内部包括分隔的蒸汽室（4）和燃烧室（5），在锅炉本体（1）左侧设有进风结构，右侧设有出风结构，其中左侧的进风结构包括进风管（17）、扇叶（14）、电机（15）及管道（18），右侧的出风结构包括出风管（19）及除尘盖（20），其特征在于：还包括设置在燃烧室（5）内的助燃板（7），所述助燃板（7）为中空状，上表面上一体制成有多个喷头（8），所述喷头（8）中部贯穿设置有第一通孔（10），所述第一通孔（10）与助燃板（7）贯通设置，所述助燃板（7）底部固定连接有进气管（9），所述进气管（9）与助燃板（7）贯通设置，所述进气管（9）贯穿锅炉本体

（1）底部设置，且所述进气管（9）的外端连接有送风装置（11）；所述送风装置（11）包括第二电机（23）、永磁磁力耦合调速器（24）和送风主机（25），第二电机（23）通过永磁磁力耦合调速器（24）与送风主机（25）连接，送风主机（25）通过进气管（9）向锅炉送风，在永磁磁力耦合调速器（24）外罩上出风口处安装有温度传感器（26），外罩上的进风口通过冷却风管（27）与进气管（9）连接，冷却风管（27）上具有调节风量的电动调节阀（28）。

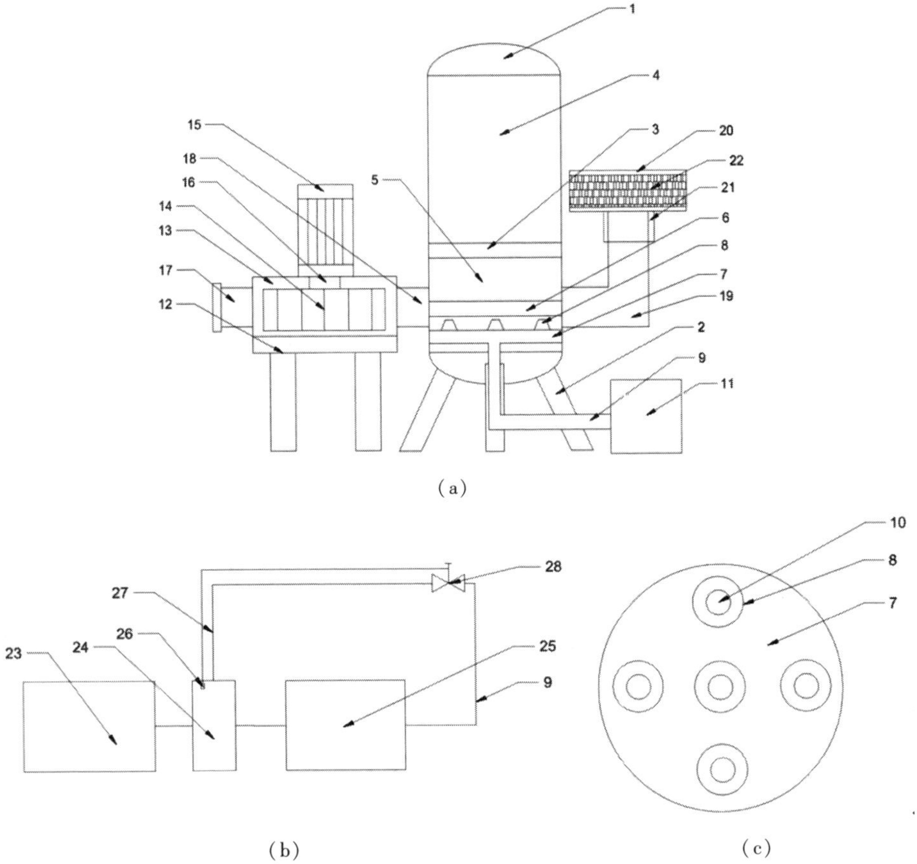

图4-64 本实用新型专利结构示意图

【现有技术】

对比文件1公开了一种电厂锅炉（参见图4-65），包括锅炉本体1，本体内部包括分隔的蒸汽室4和燃烧室5，在锅炉本体1左侧设有进风结构，右侧设有出风结构，其中左侧的进风结构包括进风管11、扇叶8、电机9及管道12，右侧的出风结构包括出风管13及除尘盖14。

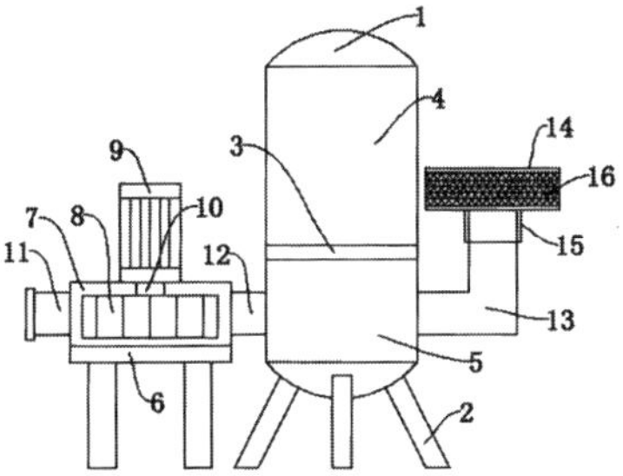

图4-65　对比文件1结构示意图

对比文件2公开了一种电厂锅炉（参见图4-66），包括设置在燃烧室5内的助燃板7，所述助燃板7为中空状，上表面上一体制成有多个喷头8，所述喷头8中部贯穿设置有第一通孔10，所述第一通孔10与助燃板7贯通设置，所述助燃板7底部固定连接有进气管9，所述进气管9与助燃板7贯通设置，所述进气管9贯穿锅炉本体1底部设置，进气管9的外端连接有送风装置。

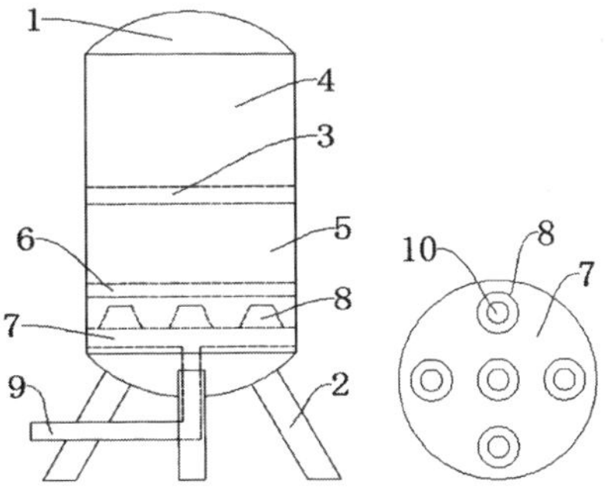

图4-66　对比文件2结构示意图

对比文件3公开了一种永磁调速的电厂锅炉送风机（参见图4-67），包括送风装置，所述送风装置包括电机1、永磁磁力耦合调速器2和送风主机3，电机1通过永磁磁力耦合调速器2与送风主机3连接，送风主机3通过送风管4向锅炉送风，在永磁磁力耦合调速器2外罩上出风口处安装有温度传感器2~4，外罩上的进风口通过冷却风管2~5与送风管4连接，冷却风管2~5上具有调节风量的电动调节阀2~6。

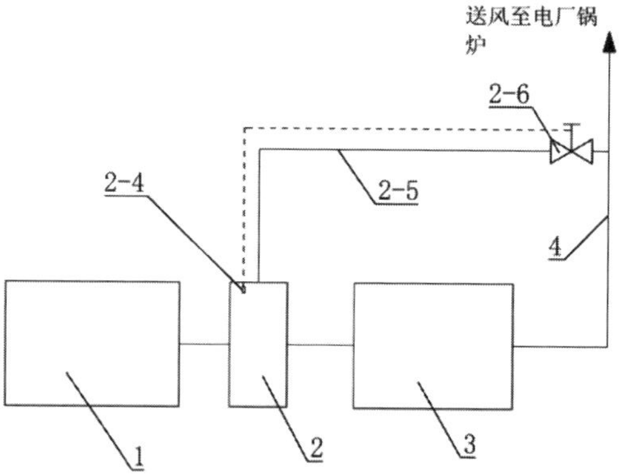

图4-67　对比文件3结构示意图

【创造性判断】

对比文件1、2、3都是一种电厂锅炉，对比文件1公开了电厂锅炉的基本结构，对比文件2和对比文件3分别公开了助燃装置和送风装置。本专利的电厂锅炉的助燃装置、送风装置及锅炉的进风结构之间在功能上没有相互作用关系，其总的技术效果仅是进风结构与助燃装置和送风装置的总和。因此，对比文件1~3公开的结构可以通过简单叠加来影响本专利权利要求的创造性。

（2）不属于简单的叠加的情形

如果实用新型专利是将某些已知产品组合或连接在一起，组合的各技术特征在功能上彼此支持，并取得了新的技术效果；或者说组合后的技术效果比每个技术特征效果的总和更优越，则这种组合具有实质性特点和进步，该实用新型专利具备创造性。

引用一项或者两项现有技术评价实用新型的创造性，只是一般性要求，不是绝对数量的限制，对于由现有技术通过“简单的叠加”而成的实用新型专利，可以合理选择对比文件的数量。对于相互关联、相互作用、功能上达到组合技术效果的技术特征，应作为一个特征组合整体考虑，以免得出“简单的叠加”的错误结论。

三、创造性的评价示例

对于评价报告来说，无论其权利要求是否具备创造性，均需在评价报告中说明具体理由。

在评价独立权利要求时，首先应指出作为最接近的现有技术的对比文件披露的相关技术内容（包括隐含公开的技术内容），以及该相关技术内容在对比文件的具体出处；其次指出该权利要求相对于该对比文件的区别特征及根据区别特征所确定的本专利实际解决的技术问题；再次指出区别特征是否被该对比文件的其他实施例或其他对比文件公开并给出相应的技术启示，或者是否为本领域的公知常识；最后在此基础上得出该权利要求是否具备“《专利法》第二十二条第三款规定的创造性”的结论。

对于从属权利要求，通常建议首先写明该从属权利要求引用了某在先权利要求，然后根据情况指出其附加技术特征是否被对比文件公开或是否为本领域的公知常识，最后指出在被引用的权利要求具备或不具备新颖性或创造性的基础上，该从属权利要求具备或不具备创造性。从属权利要求的评价可以根据情况来合并评述。

【评价意见示例】

1. 权利要求具备创造性

权利要求1保护一种×××，其属于×领域，对比文件1公开了一种×××，其与本实用新型权利要求1属于相同（相近或相关）的技术领域，并具体公开了以下技术特征（参见对比文件1说明书第n1~n2段、附图n3）：该×××包括部件A（相当于该权利要求的部件A′）、部件B（相当于该权利要求的部件B′）。

该权利要求所保护的技术方案与对比文件1公开的内容相比，区别特征在于：该×××还包括部件C。基于上述区别特征，可以确定该权利要求实际解决的技术问题是E。

上述区别特征既没有被其他对比文件公开，也不属于所属技术领域的公知常识，并且上述区别特征使得该权利要求的技术方案能够具有技术效果F。因此，该权利要求保护的技术方案具有实质性特点和进步，具备《专利法》第二十二条第三款规定的创造性。

从属权利要求2~n直接或间接引用了权利要求1，在权利要求1具备创造性的情况下，权利要求2~n也具备《专利法》第二十二条第三款规定的创造性。

2. 权利要求不具备创造性

权利要求1保护一种×××，其属于×领域，对比文件1公开了一种×××，其与本实用新型权利要求1属于相同（相近或相关）的技术领域，并具体公开了以下技术特征（参见对比文件1说明书第n1~n2段、附图n3）：该×××包括部件A（相当于该权利要求的部件A′）、部件B（相当于该权利要求的部件B′）。

该权利要求所保护的技术方案与对比文件1公开的内容相比，区别特征在于：该×××还包括部件 C。基于上述区别特征，可以确定该权利要求相对于对比文件 1 实际解决的技术问题是 E。

对比文件 2 公开了一种×××，其与本实用新型权利要求 1 属于相同（相近或相关）的技术领域，并具体公开了以下技术特征（参见对比文件 2 说明书第 m1′页第 n1 ~ n2′段、附图 n3′）：该×××包括部件 C。可见，上述区别特征已经被对比文件 2 公开，且上述技术特征在对比文件 2 中所起的作用与相应区别特征在该权利要求中所起的作用相同，都是 E。也就是说对文件 2 给出了将上述技术特征用于对比文件 1 以进一步解决其技术问题的技术启示。因此，在对比文件 1 的基础上结合对比文件 2 得出权利要求 1 保护的技术方案，对于所属技术领域的技术人员来说是显而易见的，权利要求 1 保护的技术方案不具有实质性特点和进步，不具备《专利法》第二十二条第三款规定的创造性。

从属权利要求 2 引用了权利要求 1，其附加技术特征已经被对比文件 1 公开：×××还包括部件 D。因此，在权利要求 1 不具备创造性的情况下，从属权利要求 2 也不具备《专利法》第二十二条第三款规定的创造性。

第五节　实用性

《专利法》第二十二条第四款规定：实用性，是指该发明或者实用新型能够制造或者使用，并且能够产生积极效果。

《专利审查指南》（2010）第五部分第十章第 3.2 节规定：实用新型是否具备《专利法》第二十二条第四款规定的实用性，其评价标准适用本指南第二部分第五章第 3 节的规定。

可见，对于实用新型专利是否符合《专利法》第二十二条第四款的规定，判断标准和对象与发明的实质审查相同。

第六节　同样的发明创造

《专利法》第九条规定：同样的发明创造只能授予一项专利权。但是，同一申请人同日对同样的发明创造既申请实用新型专利又申请发明专利，先获得的实用新型专利权尚未终止，且申请人声明放弃该实用新型专利权的，可以授予发明专利权。

两个以上的申请人分别就同样的发明创造申请专利的，专利权授予最先申请的人。

《专利审查指南》（2010）第五部分第十章第3.2.1节规定，实用新型专利权评价所涉及的内容包括：实用新型是否符合《专利法》第九条的规定。上述条款规定了不能重复授予专利权的原则。禁止对同样的发明创造授予多项专利权，是为了防止权利之间存在冲突。即，同样的发明创造只能授予一项专利权。这里，"同样的发明创造"是指两件或两件以上申请（或专利）中存在的保护范围相同的权利要求。

评价报告是为了评价专利权的稳定性，因而评价报告需要指出是否存在在实用新型专利的申请日向国家知识产权局提交的、属于同样的发明创造的专利文件。也就是说，不同于发明的实质审查，实用新型专利权评价报告中的R类文件仅是已授权的专利文件。

当存在上述专利文件，即R类文件的情况下，即便已经利用现有技术评述了该实用新型专利的新颖性或创造性，也应当在评价报告中给出不符合《专利法》第九条规定的结论，并具体说明理由。在出现多篇R类文件的情况下，应当针对每篇R类文件构成重复授权的理由给予具体说明。

案例 4-46

【案情简介】

本实用新型专利以如下权利要求 1~3 被授予专利权：

1. 一种全自动磁力研磨机，它包括机身、用以循环传动的传动机构、多个容纳物料的研磨容器和研磨用的磁力发生装置，其特征在于：所述传动机构安装在机身上端，所述各研磨容器分别通过两侧设置的活节支架连接在传动机构上，形成一循环传动的流水线结构，所述磁力发生装置设置在研磨容器下方，该磁力发生装置通过固定板安装在机身下端。

2. 根据权利要求 1 所述的研磨机，其特征在于：所述机身包括机架、安装在机架上的水槽、安装在机架上的保护板和设置在机架上端的机罩，该机架由多个铝型材通过直角码连接件首尾连接，并以螺钉固定而成，在机架一端内侧面设置一感应装置，该感应装置连接有可向研磨容器添加溶剂的进液装置，进液装置与感应装置一并电连接在一控制中心上，与感应装置相应一侧的各活节支架进给到感应装置时，可与感应装置相接触，水槽设置在连接有研磨容器的传动机构和磁力发生装置之间，水槽外底面贴合有隔板，水槽两端延伸出机架，该水槽的其中一延伸端下凹形成蓄水部，在蓄水部底面连接有排水管。

3. 根据权利要求 2 所述的研磨机，其特征在于：所述水槽与排水管的连接处开有排水孔，在排水孔处设有滤网，水槽内底面与进给到水槽内的研磨容器底面形成有大小为 2~3mm 的间隙，与水槽底面贴合的隔板为一纤维板，该隔板底面与磁力发生装置间形成有大小为 6~10mm 的间隙。

【对比文件】

对比文件为已授权发明专利，是与本专利的专利权人不同的申请人同日申请的同样的发明创造，发明经实质审查后，以如下的权利要求 1 授予专利权：

一种全自动研磨机，它包括机身、用以循环传动的传动机构、多个容纳物料的研磨容器和研磨用的磁力发生装置，其特征在于：所述传动机构安装在机身上端，所述各研磨容器分别通过两侧设置的活节支架连接在传动机构上，形成一循环传动的流水线结构，所述磁力发生装置设置在研磨容器下方，该磁力发生装置通过固定板安装在机身下端；所述机身包括机架、安装在机架上的水槽、安装在机架上的保护板和设置在机架上端的机罩，该机架由多个铝型材通过直角码连接件首尾连接，并以螺钉固定而成，在机架一端内侧面设置一感应装置，该感应装置连接有可向研磨容器添加溶剂的进液装置，进液装置与感应装置一并电连接在一控制中心上，与感应装置相应一侧的各活节支架进给到感应装置时，可与感应装置相接触，水槽设置在连接有研磨容器的传动机构和磁力发生装置之间，水槽外底面贴合有隔板，水槽两端延伸出机架，该水槽的其中一延伸端下凹形成蓄水部，在蓄水部底面连接有排水管，所述水槽与排水管的连接处开有排水孔，在排水孔处设有滤网，水槽内底面与进给到水槽内的研磨容器底面形成有大小为2~3mm的间隙，与水槽底面贴合的隔板为一纤维板，该隔板底面与磁力发生装置间形成有大小为6~10mm的间隙。

【案例分析】

本实用新型专利的权利要求3的技术方案与对比文件权利要求1的技术方案的区别仅在于主题名称不同，对比文件的权利要求1的主题名称中缺少“磁力”，但根据权利要求1中的技术特征“它包括机身、用以循环传动的传动机构、多个容纳物料的研磨容器和研磨用的磁力发生装置”可知，对比文件的权利要求1实质上仍然是通过“磁力发生装置”实现研磨，即仍然保护一种全自动磁力研磨机。因此，本实用新型专利权利要求3的技术方案与对比文件的权利要求1的技术方案保护范围实质相同，二者属于同样的发明创造，不符合《专利法》第九条第一款关于“同样的发明创造只能授予一项专利权”的规定。

第五章　专利权评价报告的更正

与发明的实质审查不同，国家知识产权局在作出评价报告的过程中，没有与请求人进行交流沟通的环节。如果请求人或专利权人认为作出的评价报告存在需要更正的错误的，或者作出评价报告的部门在发现评价报告中存在错误后，可以通过更正程序来进行更正。

本章主要介绍评价报告更正的相关问题，具体内容包括请求人、专利权人或者作出评价报告的部门如何启动更正程序、可更正的内容、更正程序的进行和终止以及复核意见通知书的撰写。

第一节　更正程序

《专利审查指南》（2010）第五部分第十章第6节规定了启动评价报告更正程序的两种方式：（1）作出评价报告的部门自行启动，即作出评价报告的部门在发现专利权评价报告中存在需要更正的错误后，可以自行启动更正程序；（2）请求人或专利权人请求启动，即请求人或专利权人认为作出的评价报告存在需要更正的错误的，可以在收到评价报告后两个月内提出更正请求。

一般情况下，更正程序由请求人或专利权人启动。当请求人或专利权人提出更正请求时，应当以意见陈述书的形式书面提出。在意见陈述书中应当写明专利号、专利名称、请求人姓名或名称，在意见陈述正文部分写明需要更正的内容及更正的理由，但不得修改专利文件。在代理机构或请求人栏应当有代理机构或相关人签章。

当进入更正程序后，复核组对原评价报告意见进行复核并得出是否更正的结论。

在更正程序中，如果复核组根据情况进行了补充检索，并基于新的证据重新作出了评价报告，请求人或专利权人可以再次提出更正请求。如果复核组未采用新的证据，即使重新作出了评价报告，一般不允许请求人或专利权人再次提出更正请求。

第二节　可更正的内容

《专利审查指南》（2010）第五部分第十章第 6 节规定了评价报告中可更正的内容，包括：（1）著录项目信息或文字错误；（2）作出评价报告的程序错误；（3）法律适用明显错误；（4）结论所依据的事实认定明显错误；（5）其他应当更正的错误。

可见，可更正的内容体现在程序方面、形式方面、事实认定和法律适用方面以及其他方面。本节将结合案例对几个重点方面进行说明。

一、事实认定和法律适用

在作出评价报告的过程中，事实是指与实用新型专利相关的客观事实，包括实用新型专利的客观事实、对比文件的客观事实、本领域技术人员认知的客观事实等。审查员在确定相关事实的基础上适用专利法的相关条款。法律的适用只有在正确的事实认定下才具有意义。事实认定与法律适用之间有密不可分的关系。

评价报告可更正的内容包括法律适用明显错误和结论所依据的事实认定明显错误。在实践操作中，请求人或专利权人受限于法律专业知识，通常是从权利要求及对比文件的事实认定、公知常识的认定、结合启示的认定等方面提出质疑。

虽然从《专利审查指南》（2010）的字面意思可以理解出当法律适用“明显”错误、结论所依据的事实认定“明显”错误时才需要作出更正，但在实践操作中，为了最大程度地帮助专利权人和社会公众认识相关实用新型专利权的稳定性，当原评价报告出现法律适用或者事实认定方面的错误时，请求人或专利权人也针对上述错误提出了更正请求，复核组通常会对此重新判断，作出客观、准确的评价。

另外，在更正程序中也不必然局限于请求人或专利权人陈述的理由，当请求人的陈述理由未涉及某一法律的适用或者事实的认定，但是复核组经过对评价报告的整体内容作出客观认定之后，认为的确存在法律适用或者事实认定方面的错误，这些错误会改变原评价报告作出的结论，那么复核组对此应当进行更正。

（一）权利要求及对比文件的事实认定

准确的事实认定，是准确作出评价报告的基础，如果对权利要求的事实认定错误，通常会对一个错误的技术方案进行检索和评价，如果对对比文件的事实认定错误也会导致对技术方案的评价错误，这些都容易得出错误的结论。因而，当原评价报告对权利要求和对比文件的事实认定错误且导致了结论错误时，无论请求人或专利权人是否对此提出异议，一般都应进行更正；当原评价报告对权利要求和对比文件的事实认定错误未导致结论错误时，如果请求人或专利权人提出了相关异议，一般也应进行更正。

案例5-1

【案情简介】

现有技术中常见两种类型的腰垫：钢网腰垫和海绵腰垫。其中，钢网腰垫透气性好，海绵腰垫可以起到对腰部保温的作用，适合秋冬季节。但是，无论钢网腰垫还是海绵腰垫，功能单一，久靠会带来腰部不适。

本实用新型专利的目的是设计一种在钢网腰垫的柔性面料背部带有震动器的弹性按摩腰垫（参见图5-1），具体采用的技术方案参见权利要求，通过该设计，有机利用钢网腰垫柔性面料的弹性，既保持震动器与腰部接触，又不紧压着，形成振动弹击，具有促进腰部血液循环、久坐不易疲劳的特点，大大改善钢网腰垫的功能。

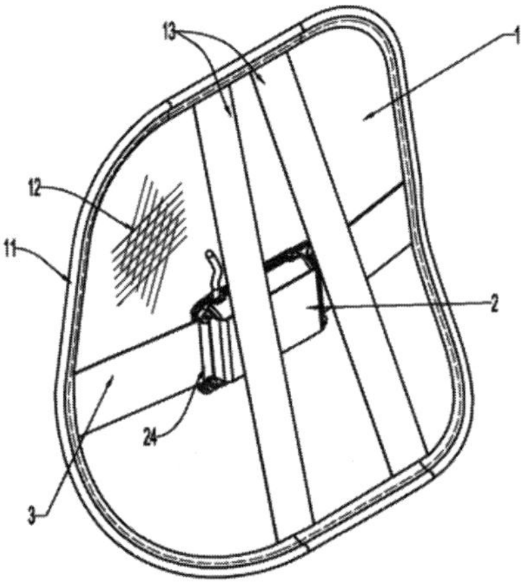

图5-1　本实用新型专利附图

【权利要求】

一种弹性按摩腰垫，包括钢网腰垫（1）和震动器（2），钢网腰垫包括钢圈（11）、绷紧在钢圈（11）上的柔性面料（12）和加强带（13），其特征是震动器（2）通过松紧带（3）悬挂于钢网腰垫柔性面料

（12）的背面，且紧贴在柔性面料（12）的背面，松紧带（3）两端分别固定在钢圈（11）上。

【现有技术】

对比文件 1 公开了一种保健按摩腰靠（参见图 5-2），包括腰靠 1 和包含震动器 2-2 的保健按摩器 2，腰靠 1 包括外框架 1-1、绷紧在外框架 1-1 上的安装布 1-3 和腰靠固定带 1-5，包含震动器 2-2 的保健按摩器 2 悬挂于腰靠安装布 1-3 的背面，且震动器 2-2 紧贴在安装布 1-3 的背面；包含震动器 2-2 的保健按摩器 2 通过腰靠拉紧带 1-6 悬挂于腰靠安装布 1-3 的背面，腰靠拉紧带 1-6 两端分别固定在外框架 1-1 上，保健按摩器 2 与座椅抵靠。

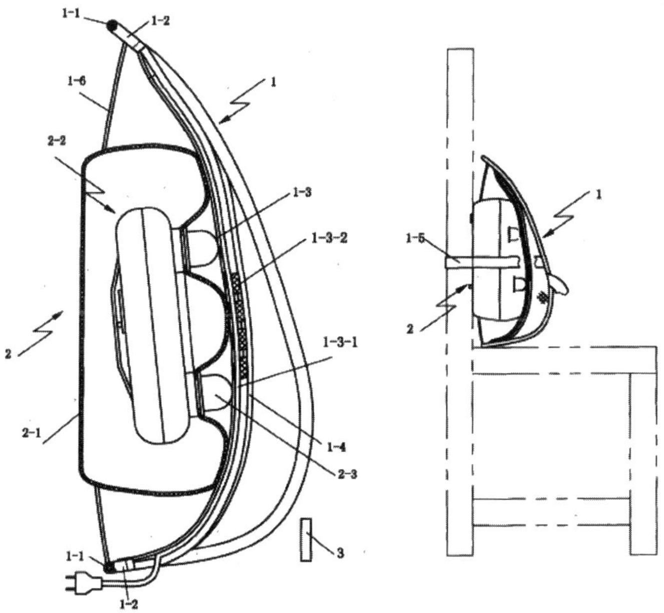

图 5-2　对比文件 1 附图

对比文件 2 公开了一种带风扇腰靠（参见图 5-3），其在钢网腰靠上设置有风扇，通过魔术贴定位在两条后背拉带 4 上。

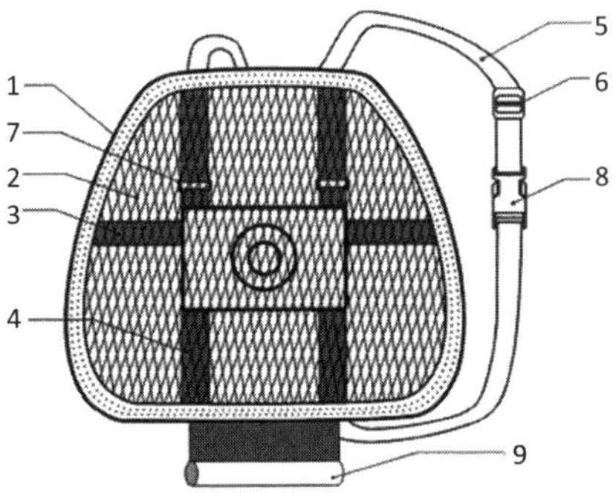

图 5-3　对比文件 2 附图

【评价报告】

评价报告中认为对比文件 1 公开的腰靠拉紧带 1-6 相当于权利要求中的固定震动器的松紧带。权利要求 1 保护的技术方案与对比文件 1 的区别仅在于腰垫不是钢网。上述区别特征使得权利要求 1 相对于对比文件 1 实际解决的技术问题是使腰垫更耐用。根据对比文件 2 公开的内容，所属技术领域技术人员有动机将对比文件 2 公开的腰靠材质应用于对比文件 1 中，以使腰靠更加耐用，因此，该权利要求相对于对比文件 1 和对比文件 2 的结合不具备创造性。

【更正请求】

请求人提出更正请求，指出：对比文件 1 中的拉紧带为织带，非松紧带结构，不能相当于该权利要求的松紧带，本专利借助钢网腰垫的钢圈的刚性强度及松紧带悬挂震动器，利用松紧带的弹性，在震动器作用于人体时，形成弹击功能，实现悬浮弹击按摩。对比文件 2 通过两条后背拉带 4 用魔术贴定位风扇，对比文件 2 也是通过非松紧拉带固定风扇。因此，权利要求 1 具备创造性。

【复核意见】

本专利要解决的技术问题是：如何形成振动弹击，改善钢网腰垫的功能。对比文件 1 的保健按摩器 2 通过拉紧带 1-6 固定在腰靠 1 中，此处，拉紧带不能等同于松紧带，保健按摩器 2 与座椅抵靠，不能形成振动弹击。同时，对比文件 1 没有公开外框架的材质。因此，权利要求 1 相对于对比文件 1 的区别特征在于：钢网腰垫包括钢圈，震动器通过松紧带悬挂于柔性面料的背面，松紧带两端分别固定在钢圈上。上述区别特征使得该权利要求相对于对比文件 1 实际解决的技术问题是实现弹性按摩功能。

对比文件 2 同样没有公开使用松紧带固定按摩器的技术方案，也没有给出技术启示。

由此可见，上述区别特征未被对比文件 1、对比文件 2 公开，而且，松紧带借助钢网腰垫的钢圈的刚性强度悬挂震动器，不仅提高了支撑刚性实现悬挂功能，并有目的地利用松紧带的弹性，在震动器作用于人体时形成弹击功能，能够悬浮弹击按摩。因此，该权利要求相对于对比文件 1 和对比文件 2 的结合具备创造性。

原评价报告对对比文件的事实认定错误，导致该权利要求与对比文件 1 的区别特征以及区别特征使得该权利要求相对于对比文件 1 实际解决的技术问题认定错误，导致原评价报告的权利要求不具备创造性的结论错误，复核组经合议后予以更正。

（二）公知常识的认定

在评价权利要求是否具有创造性时经常会引入所属技术领域公知常识，而请求人或专利权人也经常对所属技术领域公知常识的认定提出异议。

如果请求人或专利权人在更正请求中未对所属技术领域公知常识的

认定提出异议，通常认为请求人或专利权人和审查员的意见达成了一致，均认为其属于所属技术领域的公知常识，复核组无须对其进行重新判断。

如果请求人或专利权人在更正请求中就所属技术领域公知常识的认定提出异议，当评价报告中对所属技术领域公知常识的认定无误时，复核组可以进行说理，也可以补充相关的所属技术领域公知常识证据予以证明，作出不予更正的结论；当评价报告中对所属技术领域公知常识的认定有误时，复核组一般应进行更正。

需要注意的是，在创造性评述时，所属技术领域公知常识的使用不仅仅在于权利要求所采用的技术手段是否是所属技术领域的公知常识，还需要考虑技术领域以及技术方案的整体性等，具体参见本书第四章第四节。

案例 5-2

【案情简介】

现有技术中，果树疏花疏果主要靠人工用小剪刀疏除，现用的剪刀一次只能剪掉一朵花或者一个小果实，而多数果树的一个花簇由五至六朵单花组成，疏花疏果时只需要保留发育最好的中心花、果。因此，人工疏除效率低下急需一种能快速疏花疏果的工具。

本实用新型专利提出一种双剪口疏花疏果剪（参见图 5-4），具体采用的技术方案参见权利要求，在疏花疏果作业时，需保留的花、果柄被置于 U 形保护槽 21 中，其余花、果柄被分置于上位刀 1、中位刀 2 以及下位刀 3 形成的两剪口之中，将需要反复四五次的剪除作业优化为一次性完成，精准、快速、无损伤，可大大提高疏花疏果的效率。

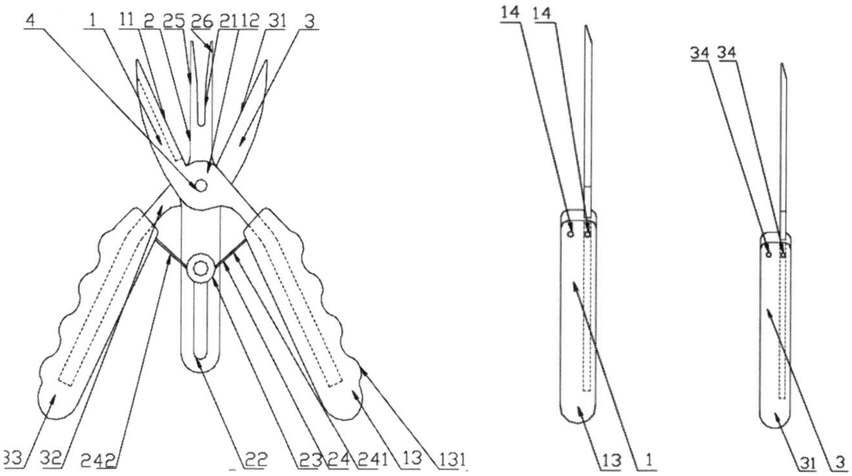

图 5-4　本实用新型专利附图

【权利要求】

一种双剪口疏花疏果剪，其特征在于，包括上位刀（1）、中位刀（2）以及下位刀（3），所述上位刀（1）、中位刀（2）以及下位刀（3）通过铰接件（4）依次铰接于一体，所述上位刀（1）与下位刀（3）为对称结构，所述上位刀（1）包括第一刀刃（11）、第一刀身（12）以及第一手柄（13），所述第一手柄（13）套设在第一刀身（12）下部，所述下位刀（3）包括第二刀刃（31）、第二刀身（32）以及第二手柄（33），所述第二手柄（33）套设在第二刀身（32）下部，所述第一手柄（13）侧面上部沿横向设有两个第一手柄穿越孔（14），所述第二手柄（33）侧面上部沿横向设有两个第二手柄穿越孔（34），所述中位刀（2）上部设有U形保护槽（21），其下部设有条形滑块槽（22），所述滑块槽（22）中穿设有滑块（23），所述滑块（23）沿滑块槽（22）滑动；所述滑块（23）上部环绕有扭力簧（24），所述扭力簧（24）包括对称分布的第一旋绕臂（241）与第二旋绕臂（242），所述第一旋绕臂（241）与第二旋绕臂（242）靠近滑块（23）一端间隙固定于所述滑块

（23）上，所述第一旋绕臂（241）背离滑块（23）端部穿设于其中一个第一手柄穿越孔（14）中，所述第二旋绕臂（242）背离滑块（23）端部穿设于其中一个第二手柄穿越孔（34）中。

【现有技术】

对比文件1公开了一种双剪口疏花疏果器（参见图5-5），由左剪、中剪、右剪三部分组成，中剪部分位于左右剪两部分中间，左剪右剪两部分对称，三部分剪身12、22、32铰接在一起；中剪部分上部设有U形槽23；中剪部分下部分别通过恢复性弹簧4与左剪部分、右剪部分的手柄33、13连接。

对比文件2公开了一种新型疏花疏果剪（参见图5-6），包括固定刀、活动刀、扭力弹簧8，固定刀和活动刀通过销钉4铰接；扭力弹簧8一端与活动刀铰接，另一端与固定刀铰接。

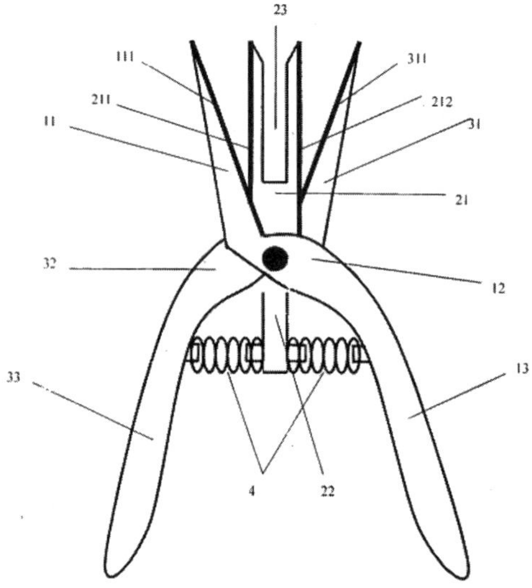

图5-5　对比文件1附图

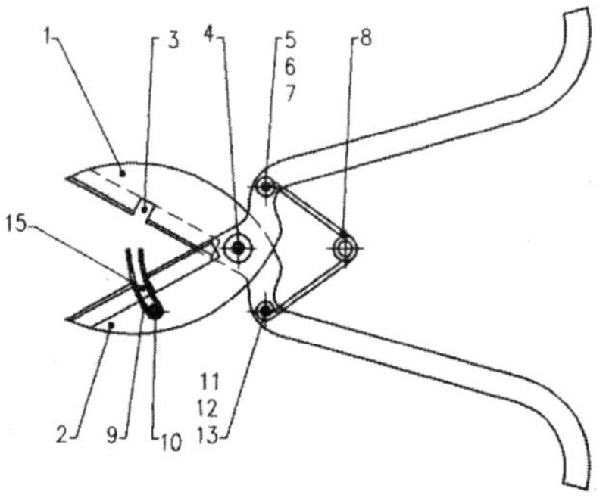

图5-6　对比文件2附图

【评价报告】

评价报告认为权利要求 1 与对比文件 1 的区别特征是：中位刀下部设置条形滑块槽，滑块槽中穿设有滑块，滑块沿滑块槽滑动，滑块上部环绕有扭力簧，以及扭力簧与第一、二手柄的连接方式。基于上述区别特征，该权利要求实际解决的技术问题是如何控制疏果剪闭合或张开角度大小。

对比文件 2 给出了设置扭力弹簧实现两个刀柄的开闭控制，当其进行开闭时，扭力弹簧中部位置所形成的弯折区域会上下移动的技术启示。

为了实现左右两侧刀柄开闭控制，所属技术领域技术人员容易想到将对比文件 2 公开的扭力弹簧用于对比文件 1 中，而设置扭力簧连接上位刀和下位刀，进一步地，为了实现扭力簧对上位刀、中位刀、下位刀的连接，在扭力簧中间位置设置滑块实现开闭时的上下移动，在中位刀下部设置条形滑块槽实现滑块沿条形滑块槽移动，同时在第一、第二手柄上分别设置两个手柄穿越孔以实现扭力弹簧的固定，这是所属技术领域技术人员常用的技术手段。因此，该权利要求相对于对比文件 1、对比文件 2 和所属技术领域公知常识的结合不具备创造性。

【更正请求】

请求人在更正请求中认为本专利扭簧扭转部位在条形滑块槽中的滑动限定了扭簧环绕部位的活动范围，限制了该疏果剪闭合或张开角度的范围，同时对扭簧环绕部位有一定的导向作用，本专利为此所采用的技术手段并非所属技术领域技术人员常用的技术手段。

【复核意见】

本实用新型专利在中位刀下部设置扭簧，扭簧扭转部位在条形滑块槽中实现滑动，条形滑块槽一方面限定了扭簧环绕部位的活动范围，限制了该疏果剪闭合或张开角度的范围，实现对疏果剪闭合或张开角度大小的控制，一方面对扭簧环绕部位有一定的导向作用。虽然对比文件 2 公开了利用扭力弹簧实现两个刀柄的开闭控制，滑块在条形滑块槽中移动是所属技术领域中常见的技术手段，但没有证据表明将对比文件 1 中的恢复性弹簧替换为扭力弹簧同时设置条形滑块槽以引导扭簧扭转部位的滑动是所属技术领域的公知常识。因此，该权利要求相对于对比文件 1、对比文件 2 和所属技术领域公知常识的结合具备创造性。

原评价报告对所属技术领域的公知常识认定有误，导致原评价报告的权利要求不具备创造性的结论错误，复核组经合议后予以更正。

（三）“结合启示”的认定

在创造性评价中，对比文件之间是否具有结合启示一直是请求人或专利权人关注的焦点，其会直接影响权利要求是否具有创造性的结论。

当原评价报告对对比文件之间的结合启示判断有误且导致了结论错误时，无论请求人或专利权人是否对此提出异议，复核组一般应进行更正；当原专利权评价报告对对比文件之间的结合启示判断有误未导致结论错误时，如果请求人或专利权人提出了相关异议，复核组一般应进行更正。

二、形式方面

对于形式方面，例如：（1）著录项目信息填写错误、分类或检索信息填写错误、相关文件的主要信息填写错误、专利权评价结论填写错误等类型的表格填写错误；（2）发送给请求人的评价报告缺页；（3）文字错误；（4）评价报告中填写的相关文件与发送给请求人或专利权人的文件不一致，或发送给请求人或专利权人的相关文件不完整，或相关文件未发送给请求人或专利权人等，通常采用两种处理方式：（1）作出部分更正的复核意见通知书和更正的评价报告；（2）相关人员可直接修改后再次发出评价报告，但应当告知作出原评价报告的审查员和审核员。

三、其他方面

（一）审查文本

若审查员由于某些原因未关注到在评价报告请求日之前已经生效的无效宣告请求审查决定，导致评价报告所针对的审查文本错误，则应当进行更正，在正确的审查文本的基础上重新作出评价报告。

（二）证据有效性

评价报告中除了以专利文件作为证据外，还经常出现网络证据，而由于互联网更新速度较快，请求人可能会对网络证据的有效性提出质疑。

案例 5-3

【案情简介】

本实用新型专利的评价报告指出权利要求 1~4 相对于对比文件 1 和所属技术领域公知常识的结合不具有《专利法》第二十二条第三款规定的创造性。其中，对比文件 1 是一篇网络证据，涉及的网站资质较为可信，在评价报告中给出了该证据的具体内容、网址、公开时间等，并做好了证据固定的工作。

请求人在收到评价报告之后按照该报告提供的对比文件 1 的网址输入，无法查阅到该对比文件 1 的相关内容。请求人由此提出对比文件 1 无效，请求对该评价报告进行更正。

【复核意见】

在评价报告中引用网络证据，应关注其真实性，包括收集主体、证据内容和公开时间的真实性。评价报告的审查员作为证据的收集者，代表行政主体依照《专利法》的规定行使职权，在没有相反证据的情况下，应当认为审查员与请求人不存在利害关系，不具有捏造、篡改证据的主观意愿，就收集主体和程序而言，一般应当认可审查员提供证据的真实性。同时，该网络证据涉及的网站资质较为可信，在没有证据表明这些网站与案件存在利害关系，也没有证据表明发布的内容被修改过的情况下，应对其所发布的上述网页的内容以及发布时间的真实性予以认可。对比文件1作为网络证据，一旦在申请日前处于公开状态即成为现有技术，即使之后其从原网址无法得到，也不能改变其在申请日前已经处于公开状态的事实。同时，审查员认真履行了举证责任，做好了证据固定的工作，因此，对该评价报告不予更正。

四、补充检索的情形

《专利审查指南》（2010）第五部分第十章第6节规定了在更正程序中，复核组一般不进行补充检索，除非因事实认定发生变化，导致原来的检索不完整或者不准确。

根据可更正的内容，当复核组合议后作出应当进行更正的结论后，还需要分析原来的检索是否完整或者准确，以进一步进行补充检索来获得新的证据。

从分析原来的检索是否完整或者准确来说，可以通过几种方式来判断，例如：可以分析原评价报告中的对比文件是否公开本专利发明构思、关键检索要素；可以分析原审查员所使用的检索领域、检索式是否满足评价报告的检索要求；还可以从所属技术领域技术人员角度出发根据所属技术领域知识结合已有的检索结果考虑是否还存在密切相关的X/Y类文件等。

复核组进行补充检索时，应当考虑作出更正的结论的原因，以在补充检索时制定合适的检索策略。例如：

当原评价报告对权利要求的事实认定错误时，通常其检索的基础是不准确的，此时应当针对发明整体构思进行补充检索。

当原评价报告对最接近现有技术的事实认定错误，且从技术方案的整体构思来看，该最接近的现有技术选择有误，此时需要重新检索最接近的现有技术。

当原评价报告对所属技术领域公知常识认定错误，此时需要根据区别特征及其所实际解决的技术问题进行补充检索。以【案例5-2】为例，复核意见认为“中位刀下部设有条形滑块槽”不是所属技术领域的公知常识，因为原评价报告中的对比文件均未涉及“滑块槽”这一关键检索要素，因此，复核组作出补充检索，检索到了新的对比文件，如图5-7所示。

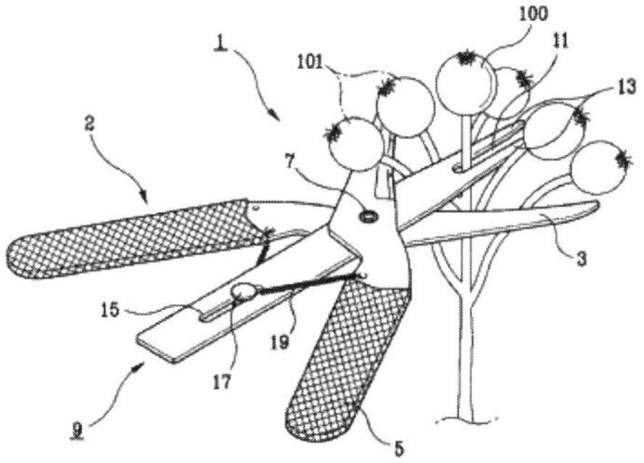

图5-7　案例5-2的新对比文件附图

当原评价报告对结合启示认定错误，此时同样需要根据区别特征及其所实际解决的技术问题进行补充检索。

如果请求人或专利权人以原评价报告检索不完整而提出更正请求，复核组应分析原评价报告的检索是否完整或者准确，以进行补充检索来尽可能全面地找出相关的现有技术提供给请求人或专利权人。

案例5-4

【案情简介】

本实用新型专利提出，现有的真空保鲜装置存在着抽真空装置不易操作，不利于日常生活中方便使用的技术问题。为了解决这一技术问题，本专利提出一种容器抽真空装置，具体结构参见权利要求（参见图5-8）。使用过程如下：当容器下盖4与密封容器1密封后，用手拉动上盖手柄7，手柄7带动上盖3向上运动，上盖抽气装置阀芯关闭，下盖4上的锥形密封塞打开，将密封容器1中的部分气体吸入容器盖子的空腔中；当上盖3复位时，下盖4上的锥形密封塞受容器负压影响回落，将锥形孔封闭，此时上盖抽气装置的阀芯打开，将容器盖子空腔内的气体排出。重复上述过程，以渐进抽气方式将容器内的空气逐步排出，达到真空保藏食品的目的。

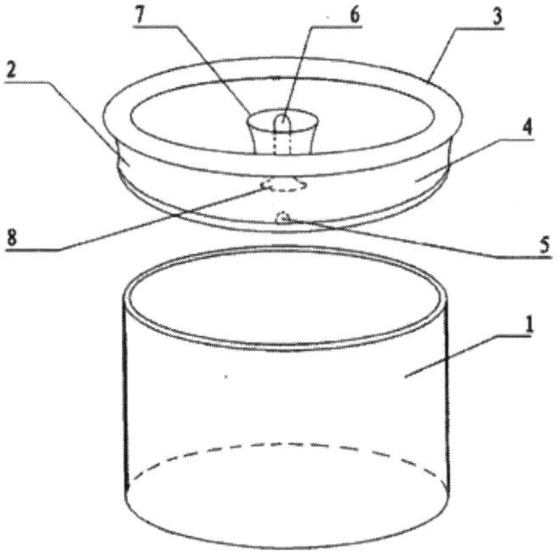

图5-8　本实用新型专利附图

【权利要求】

一种容器抽真空装置，包括一密封容器（1）和与其相对应的容器盖子（2），其特征在于：所述容器盖子（2）包括一柔性上盖（3）和一个能与所述容器结合并实现气密封的下盖（4），所述上盖（3）与下盖（4）边缘处相互连接形成一封闭空腔；所述上盖表面有一手柄（7），所述手柄（7）为空心结构，其根部与所述上盖（3）连接，所述手柄空腔底部与所述上盖（3）和下盖（4）构成的封闭空腔连通；所述手柄空腔中装有用于排出所述封闭空腔内空气的抽气装置；所述下盖（4）上装有用于排出所述容器内空气的单向排气装置。

【评价报告】

评价报告中，权利要求未发现存在不符合授予专利权条件的缺陷。在检索时查阅的数据库是：CNPAT，WPI，EPODOC，中国期刊网全文数据库；使用的检索式如下：真空，密封，密闭，封闭，保鲜，盖，腔，室，中空，空心，手柄，把手，抽气，排气，阀，孔，vacuum，airproof+，cover+，lid?，cavity，cavum，exhaust+，purg+，gas。

【更正请求】

请求人认为本专利是在“双层盖且上盖是柔性上盖”的基础上进行的改进，审查员所使用的检索词未覆盖关键词“双层盖”“柔性上盖”等，检索不充分。

【复核意见】

复核组通过分析，认为原评价报告的检索确实不完整或不准确，没有覆盖关键检索要素“双层盖”“柔性上盖”等，需要进行补充检索。

第三节　更正程序的进行和终止

更正程序启动后，作出评价报告的部门应尽快成立复核组，并及时作出复核结论。本节主要对如何进行更正程序以及何时终止更正程序进行介绍。

一、复核组的成立

《专利审查指南》（2010）第五部分第十章第6节规定了在更正程序启动后，作出评价报告的部门应当成立由组长、主核员和参核员组成的三人复核组。作出原评价报告的审查员和审核员均不能参加复核组。对于再次提出的更正请求，作出原评价报告的审查员和审核员以及首次复核组的组长、主核员和参核员都不能参加再次复核的复核组。

复核组各成员的职责如下：

组长负责主持更正程序的全面审查，主持合议会议及其表决，并根据合议情况对复核意见通知书的撰写给出总体意见和修改意见。

主核员负责案件的全面审查，在接收到请求更正的实用新型专利后，主核员应当及时阅读实用新型专利文件、相关文件、评价报告和意见陈述书等文件。在理解上述文件的基础上准备合议材料，合议时遵循客观、全面、清楚的原则介绍案情，合议后根据合议结果起草评价报告复核意见通知书，必要时还需起草更正后的评价报告。

参核员参与审查并协助组长和主核员工作，合议时履行自己的职责，并认真核对主核员根据合议结果起草的文件。

二、复核组的合议

合议时采取少数服从多数的原则，复核意见经复核组合议作出。

复核组合议一般经过以下程序：案卷核查、阅卷、合议、根据合议结果确定复核意见。

复核组应当及时核查案卷的基本信息，主核员应在合议之前完成阅卷，参核员、组长可以根据案件的情况在合议之前阅卷或者在合议过程中由主核员介绍案情并阅卷。

复核组在阅卷时应当根据更正请求的意见陈述书、评价报告确定存在争议的问题，有针对性地阅读实用新型专利、评价报告引用的证据、请求人或专利权人的意见陈述等，在此基础上确定评价报告的证据认定、事实认定、法律适用等内容是否正确。

在阅卷的基础上进行合议，确定复核意见，并根据合议结果撰写复核意见通知书，必要时作出《实用新型专利权评价报告（更正）》。

三、复核结论的类型

复核意见通知书的结论包括不予更正和更正。其中，根据是否补充了新证据，更正的情况又可以进一步分为在补充新证据的基础上更正和在不补充新证据的基础上更正，而在不补充新证据的基础上更正又进一步包括全部更正和部分更正两种情况。如图 5-9 所示。

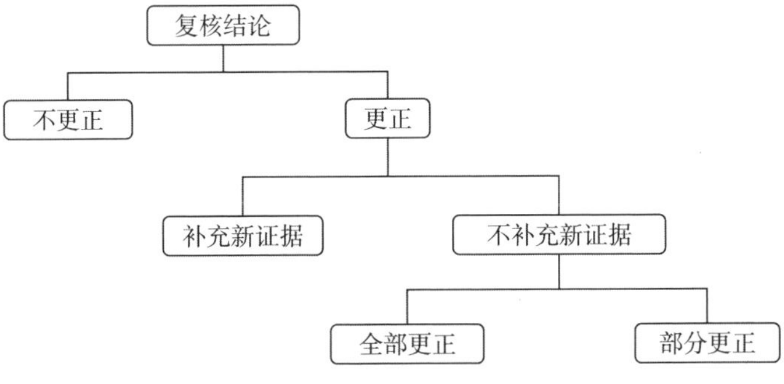

图 5-9 复核结论的类型

（1）复核组认为更正理由不成立，原评价报告无误的，不予更正。

需要注意的是，复核组经过合议认为请求人或专利权人提出更正请求的理由不具有说服力，虽然发现原评价报告存在请求人或专利权人未提出的瑕疵，但该瑕疵不足以使得复核组作出更正的结论，那么复核意见通知书在指出请求人或专利权人意见不具有说服力的理由的同时，也可以针对该瑕疵重新撰写相关的评述部分。

（2）复核组认为更正理由成立，原评价报告有误的，需要更正，重新作出新的评价报告替换原评价报告。

根据是否补充新证据，更正又可以分为在补充新证据的基础上更正和在不补充新证据的基础上更正。复核组没有经过补充检索，在原证据的基础上即作出复核意见属于在不补充新证据的基础上更正。复核组由于本章第二节规定的原因而进行补充检索，并引用新证据重新作出评价报告，则属于在补充新证据的基础上更正。需要注意的是，原评价报告中的A文献重新认定为X/Y文献的，属于补充证据更正；复核组为了更充分说理而补充公知常识证据不属于补充证据更正。

在不补充新证据的基础上更正，又进一步包括全部更正和部分更正的情况。

全部更正是指所有原评价报告给出的评价意见的结论均发生变化，需要重新作出评价报告的情况。例如：评价报告中全部权利要求不具备新颖性或者创造性的结论均有误，经复核组合议后认为全部权利要求具备新颖性和创造性，属于全部更正。

部分更正通常是指原评价报告给出的评价意见的至少部分结论未发生变化，但仍需要重新作出评价报告的情况。例如：

1）评价报告中全部权利要求都不具备新颖性或者创造性的结论部分有误的，经复核组合议后认为部分权利要求不具备新颖性或者创造性，其余权利要求具备新颖性和创造性，属于部分更正；或者，评价报告中部分权利要求不具备新颖性或者创造性，其余权利要求具备新颖性和创造性的结论部分有误的，经复核组合议后认为全部权利要求都具备新颖性和创造性，属于部分更正。

2）复核组合议后认为原评价报告给出的评价意见的结论正确，但是针对请求人或专利权人提出更正请求的理由，原评价报告在事实认定、证据组合方式等方面存在错误的，需要重新作出评价报告，属于部分更正。

3）评价报告中存在表格错误、文字错误、评价报告不完整、对比文件缺失或不完整等本章第二节规定的形式方面问题的，属于部分更正。此时，根据涉及问题的情况，可以不成立复核组，由相关人员直接修改后再次发出评价报告，但应当告知作出原评价报告的审查员和审核员。

四、复核通知书

主核员根据合议结果起草复核意见通知书后，应依次传给参核员、组长审阅。

传阅复核意见通知书时，参核员、组长应当根据案卷中的文件核对复核意见通知书中的表格填写、请求人或专利权人陈述意见的概括、针对请求人或专利权人意见的答复等，提出修改意见。

评价报告复核意见通知书包括填写更正情况的复核结论部分以及撰写作出更正或不予更正的具体理由的复核意见通知书正文部分。

下面对评价报告复核意见通知书的填写进行说明。

1. 著录项目

著录项目包含以下内容：发文地址、发文日、专利号、申请人或专利权人、发明创造名称。其中发文地址包括邮编、收件人地址和收件人姓名。注意核对相关信息，并核实相关信息或联系地址是否发生变更。发文日一栏无须填写。

2. 更正请求日期

填写请求人或专利权人提交更正请求的日期，通常更正请求以意见陈述书的方式递交，则填写形式审查合格的意见陈述书的递交日期。如果存在多份意见陈述书，则填写最早形式审查合格的意见陈述书的递交日期。

3. 复核结论

如果原评价报告无误，不予更正。

如果原评价报告有误，需要重新作出评价报告，并根据复核结论选择“全部更正”“部分更正”“在补充新证据的基础上更正”。此时，需要作出《实用新型专利权评价报告（更正）》，其填写说明请参看本书第六章。

正文页数按实际页数填写，第一页的表格不计为正文页数，如无正文，可不填写。

4. 自行启动更正程序

一般不自行启动更正程序，因此不予勾选。如果发现报告有误，需要自行启动，由发现错误的审查员提出更正申请，在批准以后启动更正程序。

5. 复核意见通知书正文

当需要附正文进行具体说明时，可自行在通知书第二页形成正文，正文顶部标题为“复核意见通知书正文”。

复核意见通知书正文应撰写针对更正请求的陈述意见的复核意见。如果复核组接受了请求人或专利权人的全部意见陈述，可在复核意见通知书正文部分说明接受的理由，也可不进行具体说明；但如果复核组仅部分接受或全部不接受请求人或专利权人的意见，则需要在复核意见通知书正文说明不予接受的理由，需要时也可以在复核意见通知书正文部分重新撰写对专利权的评述意见；采用新证据重新作出评价报告的，可在复核意见通知书正文部分简要说明新证据的引入并针对请求人或专利权人的意见陈述给予说明，无须撰写详细的评述理由。

需要注意的是，在更正的评价报告的专利权评价意见中不应填写针对更正请求的陈述意见的复核意见，而应撰写针对实用新型专利提出的评价意见及详细理由。

五、更正程序的终止

主核员根据合议结果撰写复核意见通知书后，如果复核意见通知书的结论是全部更正、部分更正或补充证据更正，则应当撰写更正的评价报告。

在完成上述工作的基础上，发送复核意见通知书至请求人或专利权人。作出更正的评价报告的，应发送更正的评价报告及所有的相关文件至请求人或专利权人。请求人不是专利权人的，应将更正的评价报告及补充检索的相关文件一并发送给请求人和专利权人。

第六章　评价报告的填写

本章将针对与评价报告相关的表格的填写进行说明，包括《实用新型专利权评价报告》以及《实用新型专利权评价报告（更正）》。

下面对评价报告相关表格的填写逐栏进行说明。

一、著录项目

1. 申请号、专利号、申请日、优先权日、授权公告日及实用新型名称均可在案件信息中获得，并应进一步核实；需要注意的是，当存在多个优先权日时，填写的是最早的优先权日。

2. 专利权人

按照提交请求书时（即请求日）的实际情况填，即如果在请求日前（不含当天）专利权已转让，则按转让后的专利权人填写；如果请求日前（不含当天）专利权未转让，则按照授权公告文本填写。此处所说的专利权转让日期是以国家知识产权局对变更专利权人事项发出手续合格通知书的日期。如有多个专利权人，应填写多个。

3. 请求人

按照请求书实际情况填写，请求人可以是专利权人、利害关系人或被控侵权人。实用新型专利权属于多个专利权人共有的，请求人可以是部分专利权人。

需要注意以下几点：如果在请求书中勾选了专利权人选框，“姓名或名称”位置空白，则默认请求人是实用新型专利的所有专利权人，此处填写所有专利权人；如果在请求书中勾选了专利权人选框，“姓名或名称”位置只填写了部分专利权人的名字，则请求人为部分专利权人，此处填写部分专利权人；如果在作出评价报告前，多个请求人分别请求对同一件实用新型专利作出评价报告，国家知识产权局均予以接受，但仅作出一份评价报告，此处填写最先形式审查合格的请求书中的请求人。

4. 请求日

无论对于《实用新型专利权评价报告》还是《实用新型专利权评价报告（更正）》，均填写形式审查合格的“实用新型专利权评价报告请求书”的提交日。如果存在多份请求书，则填写最先形式审查合格的请求书的提交日。

只有当请求书、专利代理委托书、利害关系证明等所有要求提交的文件均合格才能视为一次合格的请求。因此，如果初审及流程管理部针对在先请求发出了补正通知书，请求人在答复时进行了有针对性的补正，但没有再次提交请求书，此时请求日应填写提交补正的日期。例如，初审及流程管理部发出补正通知书指出专利代理委托书存在缺陷，请求人答复时仅提交了委托书，未提交新的请求书，此时请求日填写补正提交委托书的日期。

二、评价报告的页数及所附副本

按实际页数填写评价报告的总页数，不应包括未填写的空白续页。

按实际情况填写“附有报告中引用的各相关文件的副本”项。副本的份数即报告所引用的文件数。无论对于《实用新型专利权评价报告》还是

《实用新型专利权评价报告（更正）》，副本份数通常应与“相关文件”栏中列出的文件数相应，并在将评价报告发送给请求人时，连同所有的相关文件一起发送。

对于更正的评价报告，还应填写被代替的原评价报告的信息，原评价报告的作出日期应填写其发文日。

三、评价所针对的文本

按照实际情况填写评价所针对的文本。如果被请求评价的实用新型专利没有经过无效宣告程序，则选择“与授权公告一并公布的专利文件”；如果经历了无效宣告程序且无效宣告请求审查决定已生效，则选择“由生效的无效宣告请求审查决定维持有效的专利文件”，并填写无效宣告请求审查决定号。

对于无效宣告请求审查决定，可以在中国专利电子审批系统的案件信息中查看，或者到国家知识产权局专利局复审和无效审理部的“审查决定查询”中输入专利申请号等信息进行查询。

四、检索针对的权利要求

按实际情况填写检索针对的权利要求。当权利要求中存在第三章相关内容列举的造成无法作出有意义检索的情形时，选中图6-1中的相应栏，并填写相关权利要求；当权利要求存在其他情形造成无法作出有意义的检索时，选中最后一栏，并简要说明理由。对于不予检索的具体说明，填写于评价报告的“专利权评价意见”部分。

检索针对的权利要求

☐ 全部权利要求____；

☐ 权利要求____未被检索，因为其主题不符合专利法第2条第3款的规定；

☐ 权利要求____未被检索，因为其主题属于专利法第5条或第25条规定的范围；

☐ 权利要求____未被检索，因为其主题不具备实用性；

☐ 权利要求____未被检索，因为说明书未对其主题作出清楚、完整的说明，以致于所属技术领域的技术人员不能实现。

☐ 权利要求____未被检索，因为____。

图 6-1　检索针对的权利要求

五、主题的分类、检索领域以及数据库

“A. 主题的分类（IPC）”：填写实用新型专利的主分类号及所有副分类号，无须填写版本号。

“B. 检索领域”：填写检索时所实际采用的分类系统和分类号，此栏不填写关键词。如果未能检索出能够评价全部权利要求的 X/Y/E 类文献，则应当至少检索所列出的所有 A 类文件所处的分类领域。

“C. 在检索时查阅的电子数据库（数据库的名称和/或使用的检索式）”：填写实际检索使用的电子数据库、关键词和/或使用的检索式。电子数据库通常应包括中国专利文献检索数据库、外文专利文献数据库以及非专利文献数据库。对于关键词，通常包括中文关键词和英文关键词。

六、相关文件

1. 文件类型和相关的权利要求编号

对于 R、X、Y、E、A 类文件，应按照相关程度递减顺序填写；对于只有 A 类文献的情况，一般将最接近的现有技术列为第一篇 A 文件。按照待检索的专利核实优先权的情况填写。需要注意的是，相关文件栏不应出

现P类文件，未授权的专利文献不应列为R类文件，外观专利文献不应列为E类文件。如果列出了R类文件，应当在“初步结论”栏给出重复授权的结论，并在专利权评价意见部分具体说明理由。

文件类型一般按照对应的权利要求从重填写，一般不需拆分成多个技术方案。

用于证明公知常识的文件在相关文件中填写为A类文件。

相关的权利要求编号按照相关文件可以评述的权利要求如实填写，一般A类文献填写为权利要求书的所有权利要求。

2. 文献号或书名

对于专利文献，该栏填写完整的公开号，包括国别代码、文献号和文献类别；对于非专利文献，如果是书籍，该栏应填写书名、作者姓名和出版者名称。如果是期刊，则填写期刊或文摘名称、期刊卷号、作者姓名和文章标题。如果有多位作者，只需要填写第一作者，并加上“等”即可。对于网络证据，若为论坛、博客、微博等，填写发表内容的主题、论坛或微博等相关名称及网络地址；若为视频，填写视频名称、视频网站名称及视频网络地址；若为电商平台，填写电商名称及网页地址。

3. 公开/出版/发行日期

对于专利文献，该栏填写专利文献的公开日期。

对于E类文件，“公开/出版/发行日期”一栏除公开日外还应填写申请日。

对于期刊类非专利文献，将在线电子期刊的上传日或出版日视为公开日，都以当地时间为准，不考虑时区的时差；对于学位论文，不能以提交日作为公开日，应以公众能够得知的日期为准，如将中国优秀硕士学位论文全文数据库（电子期刊）www.cmfd.cnki.net或中国博士学位论文全文数据库（电子期刊）www.cdfd.cnki.net“年期”所显示的出版日作为公开日，或将在线出版日期作为公开日；如果所显示的日期是一个时间段，以最后的日期为实际公开日。

对于书籍类非专利文献，该栏填写出版日期。

对于网络证据，由于网页发布的时间才是网络证据公开的起始时间，则需要确定网页显示时间即为发布时间，同时无其他证据表明在该发布时间之后网页内容处于非公众可访问的状态，即可认定其在发布时间之后处于公开状态。

4. 分类号

对于实用新型专利文献，该栏填写主分类号，早期文献著录项目页没有分类号的可不填写；对于外观专利文献，填写洛迦诺分类号；对于非专利文献，该栏不填写。

5. 相关部分

在相关部分应尽可能给出相关文件的详细参考位置。需要注意的是，对于 R 类文件，相关段落部分应当填写 R 类文件中对应的权利要求。

6. 相关文献数量

一般应至少给出 6 篇相关文件，以不超过 10 篇为宜，包括中文文献和外文文献。

7. 相关文件续页

当相关文件栏不能填写完所有引用文件时，选中“相关文件，参见续页 I”。并将其余文献填写于续页 I 中，并选中续页 I 前一页左下角的复选框。

七、关于是否符合授予专利权条件的评价结论；专利权评价意见

1. 初步结论

“初步结论”栏的初步结论部分填写权利要求是否符合授予专利权条件的总体结论，此处授予专利权条件包括具体结论部分所列的11项条件。当所有权利要求满足授予专利权条件的，选择第1栏；所有权利要求均不满足授予专利权条件的，选择第2栏；部分权利要求不符合授予专利权条件的，则选择第3栏。如图6-2所示。

E. 关于是否符合授予专利权条件的评价结论；专利权评价意见

1. 初步结论：

□ 全部权利要求______未发现存在不符合授予专利权条件的缺陷。

□ 全部权利要求______不符合授予专利权条件。

□ 权利要求______不符合授予专利权条件，权利要求______未发现存在不符合授予专利权条件的缺陷。

具体结论如下：

□权利要求______属于专利法第5条规定的不授予专利权的范围。

□权利要求______属于专利法第25条规定的不授予专利权的范围。

□权利要求______不符合专利法第2条第3款的规定。

□权利要求______不具备专利法第22条第4款规定的实用性。

□说明书不符合专利法第26条第3款的规定。

□权利要求______具备专利法第22条第2款规定的新颖性。

□权利要求______不具备专利法第22条第2款规定的新颖性。

□权利要求______具备专利法第22条第3款规定的创造性。

□权利要求______不具备专利法第22条第3款规定的创造性。

□权利要求______不符合专利法第26条第4款的规定。

□权利要求______不符合专利法实施细则第20条第2款的规定。

□权利要求______不符合专利法第33条或实施细则第43条第1款的规定。

□权利要求______不符合专利法第9条的规定。

2. 专利权评价意见：

图6-2 初步结论栏

当一项权利要求中存在多个并列的技术方案，应当就该多个技术方案分别给出结论。

如果并列的技术方案不多，能够简述表达时，在初步结论部分和具体结论部分填写简述表达的技术方案。例如，权利要求书共三项权利要求，

其中权利要求 1 不符合授予专利权的条件，权利要求 2 符合授予专利权的条件，权利要求 3 引用了权利要求 1 或 2，当权利要求 3 引用权利要求 1 时不符合授予专利权的条件，当权利要求 3 引用权利要求 2 时符合授予专利权的条件，则在初步结论部分填写示例如图 6-3 所示。

E. 关于是否符合授予专利权条件的评价结论；专利权评价意见

1. **初步结论：**
   - ☐ 全部权利要求＿＿＿＿未发现存在不符合授予专利权条件的缺陷。
   - ☐ 全部权利要求＿＿＿＿不符合授予专利权条件。
   - ☒ 权利要求 1,3（引用权利要求 1 时）不符合授予专利权条件，权利要求 2,3（引用权利要求 2 时）未发现存在不符合授予专利权条件的缺陷。

图 6-3　初步结论填写示例（一）

如果并列的技术方案复杂，无法简述表达时，可以采用“部分”或“技术方案 A、技术方案 B”的形式填写，如图 6-4、图 6-5 所示；并在“2. 专利权评价意见”部分写明“部分”或“技术方案 A、技术方案 B”的具体方案是什么。

E. 关于是否符合授予专利权条件的评价结论；专利权评价意见

1. **初步结论：**
   - ☐ 全部权利要求＿＿＿＿未发现存在不符合授予专利权条件的缺陷。
   - ☐ 全部权利要求＿＿＿＿不符合授予专利权条件。
   - ☒ 权利要求 1,3（部分）不符合授予专利权条件，权利要求 2,3（部分）未发现存在不符合授予专利权条件的缺陷。

图 6-4　初步结论填写示例（二）

E. 关于是否符合授予专利权条件的评价结论；专利权评价意见

1. **初步结论：**
   - ☐ 全部权利要求＿＿＿＿未发现存在不符合授予专利权条件的缺陷。
   - ☐ 全部权利要求＿＿＿＿不符合授予专利权条件。
   - ☒ 权利要求 1（技术方案 A）不符合授予专利权条件，权利要求 1（技术方案 B）未发现存在不符合授予专利权条件的缺陷。

图 6-5　初步结论填写示例（三）

需要注意的是，“引用权利要求 1”不可缩写为“引权 1”。

具体结论部分填写应同初步结论部分保持一致，针对新颖性和创造性条款需要给出肯定或否定意见，其他条款仅需给出否定性意见，对于不具备新颖性的权利要求不再评价其创造性。

2. 专利权评价意见

专利权评价意见应与具体结论一一对应，需要对所有的具体结论给出相应的评述，包括具备新颖性和创造性的肯定性意见。对于并列技术方案应当予以说明，并逐一进行评述。

由于检索的对象是已授权的实用新型专利，故在评价意见中不应出现“本发明”“本申请”“请求保护”“突出的实质性特点”“显著的进步”等措词，可以写“本专利”“本实用新型”“权利要求×保护一种……”“实质性特点和进步”等。

3. 关于启动更正程序的语段

在专利权评价意见栏的评价意见之后，应撰写请求人或专利权人可以请求启动更正程序的语段：“请求人认为作出的专利权评价报告存在需要更正的错误的，可以在收到专利权评价报告后两个月内提出更正请求，请求人不是专利权人的，专利权人可以在上述期限内提出更正请求。提出更正请求的，应当以意见陈述书的形式书面提出，写明需要更正的内容及更正的理由，但不得修改专利文件。”

对于更正后的《实用新型专利权评价报告（更正）》，只有在补充证据更正的情况下，请求人或专利权人才可以再次提出更正请求，这时才需要通过上述语段来告知请求人或专利权人如何启动更正程序；对于非补充证据的更正，一般不允许请求人或专利权人再次提出更正请求，不需要上述语段。

4. 几种典型情况的评述

（1）存在抵触申请时

如果抵触申请文件（下称E类文件）能够评述部分权利要求不具有新

颖性，其他相关文件不能评述任意一项权利要求的新颖性和创造性时，在专利权评价意见中应先采用 E 类文件评述部分权利要求不具有新颖性，然后基于其他相关文件给出评价意见。此时，如果存在多份 E 类文件，应当在专利权评价意见中分别予以具体说明。

当既存在 E 类文件，又存在能够影响权利要求的新颖性或创造性的相关文件时，根据不同情况可以采用如下不同的处理方式：

1）E 类文件能够评述部分或全部权利要求不具有新颖性，其他相关文件能够评述相同的部分或全部权利要求不具有新颖性时，在专利权评价意见中仅采用其他相关文件评述该部分权利要求或全部权利要求不具有新颖性即可，E 类文件列入相关文件栏。

2）E 类文件能够评述全部权利要求不具有新颖性，其他相关文件不能评述任意一项权利要求的新颖性或仅能够评述部分权利要求不具有新颖性时，在专利权评价意见中采用 E 类文件评述全部权利要求不具有新颖性，其他相关文件列入相关文件栏。

3）E 类文件能够评述部分权利要求不具有新颖性，其他相关文件也能够评述部分权利要求不具有新颖性，且两者能够评述的部分权利要求不完全重叠时，在专利权评价意见中应先采用 E 类文件评述部分权利要求不具有新颖性，然后基于其他相关文件给出所有权利要求的新颖性和创造性意见。

4）E 类文件能够评述部分权利要求不具有新颖性，其他相关文件不能评述任意一项权利要求的新颖性时，在专利权评价意见中应先采用 E 类文件评述部分权利要求不具有新颖性，然后基于其他相关文件给出其他权利要求新颖性和创造性意见。

需要注意，评价意见与具体结论部分的填写应一一对应。

（2）存在重复授权时

存在重复授权文件的情况下，即相关文件栏中列有 R 类文件时，即便在专利权评价意见中已经给出了关于新颖性/创造性的评价意见，也应当给出关于重复授权的结论，并具体说明理由；在出现多篇R类文件的情况下，应当针对每篇R类文件构成重复授权的理由给予具体说明。

（3）当权利要求涉及的内容在说明书中未充分公开时

如果所有权利要求涉及的技术方案在说明书中都未充分公开，则属于不必进行检索的情形之一“说明书和权利要求书未对该申请的主题作出清楚、完整的说明，以致于所属技术领域的技术人员不能实现”。

如果仅部分权利要求涉及的技术方案在说明书中未充分公开，对于说明书公开充分的技术方案，应当进行检索，并给出评价意见；对于涉及说明书公开不充分的技术方案，则不必进行检索和给出新颖性/创造性评述意见，但应当在“专利权评价意见”中具体阐述说明书公开不充分的理由。

（4）当对权利要求进行了合理预期时

权利要求虽然不符合相关法条规定，但能够对权利要求给出合理预期的技术方案，应在“专利权评价意见”中先指出权利要求的相应缺陷，同时在表格中勾选相关权利要求不符合相关规定，之后，明确合理预期的技术方案，再针对该合理预期的技术方案进行新颖性/创造性的评价。

注意：对于权利要求中存在诸如明显错字等明显错误的情况，此时无须对该明显错误落入相关法条，但应在“专利权评价意见”中明确指出该明显错误及其唯一正确的表述方式，并在此基础上进行评价。

（5）不必检索的情况

当存在不必进行检索的情况，需在初步结论部分填写结论，同时在“专利权评价意见”中评述不进行检索的相关条款的具体理由。

参考文献

[1] 中华人民共和国专利法 [M]. 北京：知识产权出版社，2020.

[2] 中华人民共和国专利法实施细则 [M]. 北京：知识产权出版社，2010.

[3] 最高人民法院关于审理专利授权确权行政案件适用法律若干问题的规定（一）[EB/OL]. https://flk.npc.gov.cn/detail2.html?ZmY4MDgwODE3NzdkMDdjNTAxNzdjZGE1ZTFiZDU0YWU%3D.

[4] 最高人民法院关于审理侵犯专利权纠纷案件应用法律若干问题的解释 [EB/OL]. https://flk.npc.gov.cn/detail2.html?NDAyODgxZTQ2MDAwZTI3OTAxNjAwMTcwMzFiYzA0YjA%3D.

[5] 最高人民法院关于修改《最高人民法院关于审理侵犯专利权纠纷案件应用法律若干问题的解释（二）》等十八件知识产权类司法解释的决定 [EB/OL]. https://flk.npc.gov.cn/detail2.html?ZmY4MDgxODE3OTlkZjYxNDAxNzlhZDE3NTFhMzIxOGY%3D.

[6] 最高人民法院关于行政诉讼证据若干问题的规定 [EB/OL]. https://flk.npc.gov.cn/detail2.html?NDAyODgxZTQ1ZmZiYmU0MTAxNWZmYzNlZDYwZTA3ZTA%3D.

[7] 北京市高级人民法院. 专利侵权判定指南 [M]. 北京：知识产权出版社，2017.

[8] 国家知识产权局. 专利审查指南 2010（2019 年修订）[M]. 北京：知识产权出版社，2019.

[9] 国家知识产权局专利局专利审查协作北京中心. 实用新型专利权评价报告实务手册 [M]. 北京：知识产权出版社，2013.
[10] 国家知识产权局专利复审委员会. 以案说法——专利复审、无效典型案例指引 [M]. 北京：知识产权出版社，2018.
[11] 任晓兰. 专利行政诉讼案件法律重述与评论 [M]. 北京：知识产权出版社，2016.